프란치스꼬 저는

IO, FRANCESCO

con testo di CARLO CARRETTO, illustrazioni di NORBERTO

ISBN 88-250-0832-5

© 1999 by P.P.F.M.C. Messaggero di S. Antonio Editrice - Padova

ISBN 88-308-0195-X

© 1999 by Cittadella Editrice della Pro Civitate Christiana - Assisi

Translated by Chang Yik

Korean translation copyright © 2004 by Benedict Press
Waegwan, Korea

Published by arrangement with
P.P.F.M.C. Messaggero di S. Antonio Editrice, Padova &
Cittadella Editrice della Pro Civitate Christiana, Assisi, Italy

프란치스꼬 저는

2004년 9월 초판 | 2014년 5월 6쇄
옮긴이 · 장 익 | 펴낸이 · 박현동

ⓒ **분도출판사**

등록 · 1962년 5월 7일 라15호
718-806 경북 칠곡군 왜관읍 관문로 61
왜관 본사 · 전화 054-970-2400 · 팩스 054-971-0179
서울 지사 · 전화 02-2266-3605 · 팩스 02-2271-3605
www.bundobook.co.kr

ISBN 978-89-419-0419-9 03230
값 9,000원

까를로 까렛도

프란치스꼬 저는

장 익 옮김

분도출판사

참다운 방지거 삼회원으로 사신
부모님 영전에 바칩니다.

프란치스꼬 저는 | 차 례

프란치스꼬 저는

프란치스꼬, 저는 팔 세기 전 아씨시에서 태어났어요. 팔백 년이라는 세월이 흘러갔는데도 저를 기억하는 사람들이 여전히 있네요.

제가 어째서 이처럼 사람들 마음 안에 살아남아 있는지 스스로 묻게 되는데 그 해답은 예수님이 복음을 통해 제게 주십니다. 복음서는 하늘에서도 기본이 되는 글이거든요.

"온유한 사람은 행복하다. 그들은 땅을 차지하리니."

그래요, 솔직히 말해서 저는 온유했어요. 적어도 온유하기를 간절히 원했고 또 그렇게 되려고 무던히 애도 썼어요.

오늘날에도 제가 세상에 살고 있다면 저는 똑같은 길을 갈 거예요. 왜냐하면 사람들은 폭력에 넌더리가 났거든요. 사람들은 비록 서로 평화롭게 사는 게 힘들어도 그렇게 살기를 갈망하고 있고, 사자보다는 역시 어린양을 본능적으로 선호하고 있으니까요.

누군가가 이 프란치스꼬라는 저를 아직도 기억하고 있다는 생각을 할 때면 언제나 가슴이 벅차오르지요. 프란치스꼬, 삐에트로 디 베르나르도네와 누구 아무개의 아들인 저를. 우리 어머니의 이름 한 번 맞추어 보실래요. 아는 사람이 아주 드뭅니다. 아버지의 이름은 다들 잘 알면서. 언제나 그렇지 않나요, 여러분. 아직 고쳐지지 않았지요, 여전히 남존여비 식이지요. 그런데 저는 어머니를 훨씬 더 많이 닮았어요. 어머니는 프랑스의 프로방스 지방 출신 여자라서 노래를 썩 잘했지요. 그리고 아씨시 사람들보다도 아씨시를 더 사랑했어요. 왜냐하면 어머니는 멋을 알았거든요.

이제 일러 드릴게요. 어머니 이름은 피카였어요. 아름답고 정이 많고 믿음이 깊은 여인이었어요.

아버지로 말하면 믿음은 별로 없고 돈을 더 좋아하는 편이었지요. 어디든 손만 대면 돈을 잘 버는 피륙상인이었어요.

그런데 저는 돈에 별로 마음이 없었어요. 강도당할 큰 위험도 무릅쓰고 프랑스같이 먼 나라에까지 대상을 이끌고 자주 다니면서 돈벌이에 기를 쓰던 아버지였어요. 그런 아버지와는 달리 저는 하나도 힘들 일이 없었어요. 그 옛날에도 역시 도둑놈들은 있어서 아주 조심조심 머리를 짜야 피해 다닐 수 있었는데, 그래도 상인들은 종종 봉변하는 수가 있었지요.

정말이지 저는 돈에는 별로 마음이 없었어요. 제게 값져 보이던 건 영 다른 거였어요. 아름다움이라든가 노래라든가 우정이라든가 영예라든가 … 무엇보다도 영예에 마음이 끌렸어요.

그러니 아버지의 돈에다 어머니의 취미 덕분에 저는 공부는 제쳐놓고 어린 시절 마냥 놀기만 하면서, 말하자면 전형적인 '귀둥이'로 자란 꼴이지요.

아버지는 가문의 대를 이을 자식을 원했는데 이 허약한 아들이 지레 죽어버릴까봐 교육 문제는 결국 때를 놓쳤지만 일단 후일로 미루고, 어머니는 어머니대로 역시 프로방스 여인인지라 자기 고향의 노을처럼 마음이 여려서 아들인 제가 어떤 고달픔도 노력도 아픔도 겪지 않게 했으니 말입니다. 그러니 그 결과는 짐작이 가시겠지요.

부모들은 그토록 저를 사랑하면서도 아들인 제가 결국 하나의 '문제아' 내지 '실패작'이 되도록 두 분이서 짰다고나 할까요.

두 분이 제각기 꿈꾸던 것에 견주어 본다면 실패작이

라고 할 수밖에요.

아버지는 제가 장사꾼이 되기를 바랐지요. 하지만 그때까지 편할 대로 편한 생활만 누리던 제가 굳이 옷감 가게를 하거나 여행길에서 고생할 생각은 도무지 안 나더군요.

그리고 어머니는 … 글쎄 어머니는 무얼 바랐던가. 저도 정말 잘 모르겠네요. 그냥 집에 같이 머물고 함께 노래라도 부르면서 귀여운 애로 있어 주기를 바랐던 거지요, 뭐.

귀여운 애 노릇을 한다는 게 도대체 어쩌라는 건지 어머니 자신도 잘 모르는 것 같았어요.

어떻든 어머니가 저에 관해 많은 꿈을 꾸었던 것만은 확실해요. 이 점에 있어서는 우리 둘이 똑같았어요.

그러나저러나 풍류를 즐기고 돈을 최고로 여기는 우리 집인데, 아무것도 할 줄 모르는 제게 모든 희망을 걸고 있었으니 꿈이나 꿀 수밖에 있었겠어요.

아무것도 할 줄 모른다는 말은 좀 틀려요. 노래는 꽤 잘 불렀거든요. 옷도 멋지게 입을 줄 알고 잔칫판도 곧잘 벌일 줄 알았으니까요.

아씨시에서 저는 동무들을 제법 많이 사귀었어요. 노래를 잘 부르고 옷을 잘 차려입는 게 모두의 꿈이던 그런 분위기 안에서 저는 청춘 시절을 한껏 꽃피웠지요. 비단옷을 얼마든지 걸치고 나설 수 있는 처지에 놓인 저로서는 동무를 사귀고 휘어잡는 것은 문제가 아니었지요.

그런데 아버지는 제가 나이 들수록 저에 대한 야망도 점점 거창해지더라구요. 귀가 따갑도록 저더러 상인이 돼 보라고 타령을 하던 아버지는 언젠가부터 당시 소위 '좋은' 가문에 흔하던 또 하나의 관심사를 덧붙이는 것이었어요. 무술과 무사의 길이 바로 그거였지요.

그렇다고 아씨시 사람들이 전투에서 죽을 마음이 있었던 것은 결코 아니었지요. 그들에게 무도武道란 다만 명예요 생계요 세도였던 겁니다.

자그마한 도성 아씨시는 페루쟈와 스폴레토 사이에서 고개를 처들고 있노라니 무력이 필요한 처지였어요.

게다가 번쩍이는 갑옷에다 마갑을 두른 준마 등 멋진 무장이 한창 유행하고 있는 판이었지요. 그러나 전투에서는 언제나 떠난 그 모습 그대로 돌아오곤 했어요. 왜냐하면 멋으로 무장하고 나서는 귀족이나 상류층에게 '죽을 작정' 같은 건 아예 계산에 들어 있지도 않았으니까요.

돌아와서 오월 초하루 축제쯤 되면 그런 식으로 날리는 남자들에게 더 잘 반하는 여자들 앞에서 보란 듯이 그 빛나는 갑옷을 번쩍이며 뽐내곤 했지요.

전투에서 안 돌아오는 사람들은 누구였느냐 하면 감옥에서 끌어내 싸움터에 보내진 가엾은 죄수들이거나 아니면 좋은 일 하는 줄 알고 단도 한 자루만 달랑 들고 전투에 멋모르고 뛰어드는, 고생에 길든 순박한 백성이었어요.

제가 앞으로 장사꾼이 될 싹수가 없음은 이제 분명해졌고 어머니도 저와 똑같은 생각을 하게 되었어요. 그래서 어머니도 잘나가는 가게 걱정만 하던 아버지에게 이제는 무너진 꿈을 그만 접도록 그쪽으로 돌렸어요.

그러자 집 안에는 투구, 갑옷, 장검 따위 물건들이 나타나기 시작했지요.

그런데 이 모든 일은 어수선한 정치 상황으로 인해 더욱 걷잡기 어려워지더군요.

쎈니 공작가의 로타리오가 인노첸시오 3세라는 이름으로 교황에 선출됐는데 바로 석 달 후인 1198년 봄에 아씨시 주민들이 글쎄 제국 권위의 상징이던 롯카라는 성채를 습격하여 허물어 버렸지 뭡니까.

사태는 심각해져 이웃 페루쟈는 아씨시의 이 건방진 짓을 징계하려고 단단히 벼르게 되었어요. 아니나 다를까 징계는 곧 들이닥쳤고 아씨시는 혼이 났어요. 우리가 패전한 겁니다.

'우리'가 패전했다고 했는데 그건 저도 그 전투에 끼어 있었으니까 한 말이에요. 번쩍이는 갑옷을 입은 저를 무슨 영웅쯤으로 여기던 우리 동네가 온통 등을 떠밀기도 했고 또 어머니의 부추기는 미소도 한몫을 했던 거지요.

아버지는 눈을 흘기면서 "조심해, 너는 철부지고 꿈쟁이란 말야" 하고 딱 한마디만 했어요.

조심은 했지요, 물론.

전투가 벌어진 꼴레스트라다라는 곳에서 저는 아무하고도 칼싸움은 안 벌였어요. 그리고 무술을 하나도 모르는 자들이 모두 가는 데로 끌려갔지요. 포로 신세로 말이에요.

조심하라던 아버지에게 결국 순명은 했지만 별로 즐겁지는 않더군요.

제 안에서 넘실대던 명예욕이 귀싸대기를 한 대 맞은 꼴이 아닙니까.

포로가 되다니. 무슨 망신이야, 정말.

페루쟈에서 그렇게 일 년이나 포로살이를 하는 동안, 이 전쟁이라는 건 내가 택할 직업이 아니로구나 하면서도 그렇다고 정작 어느 길을 가야 할지에 대해서는 도무지 마음을 정할 수가 없더라구요.

장사는 하기 싫고 또 피를 흘리는 진짜 전쟁도 꿈쟁이인 내겐 안 맞는다면, 도대체 무슨 다른 길이 열려 있을까?

그때는 참 슬픈 한 해였어요. 우리 식구들이 아는 페루쟈 연줄을 통해 용케 소식도 전해 오고 먹을 것도 보내오곤 했지만 포로살이는 정말 끔찍했어요.

그래서 그만 병이 들어 버렸어요.

밤낮없이 생각에 잠겨 지냈답니다. '나'라는 한심한 현실 안으로 푹 가라앉아 우울증에 빠져 헤어나질 못했어요.

생전 그렇게 슬픈 적이 없었어요. 아마 제가 앓던 병도 그 슬픔에서 왔나 봐요.

나중에야 기쁨을, 삶의 참 기쁨을 알게 된 제가 그때는 진정 어찌할 바를 몰라 몸부림치는 젊은이의 서글픔을 있는 대로 다 맛본 거지요.

그건 정말 죽을 맛이더군요!

숨이 막히는 노릇이었어요!

마치 제 생의 폭발적인 힘이 모두 의혹과 불신과 절망과 비정의 두꺼운 껍질 안에 꼭꼭 갇혀 있는 것만 같았어요.

페루쟈 사람들이 보기에도 제 침묵과 풀어진 눈이 너무나 가련했던지 마침내 저를 아씨시로 돌아가도록 내보내 주더군요. 자기네들끼리도 아마 "이 불쌍한 녀석은 우리 도시를 결코 위협하지 못할 거야" 하면서.

아씨시로 돌아가자 어머니는 저를 꼼짝없이 통으로 차지하는데, 저를 집에 데리고 있게 된 것을 기뻐하는 한편 제가 아픈 것 또한 싫어하지 않는 눈치더군요.

아아, 세상의 엄마들!

어머니의 따뜻한 보살핌과 아씨시의 햇볕 덕분에 저는 차츰차츰 기운을 되찾고 낫기 시작했어요.

그렇게 차츰 기운을 되찾게 되면서 저 자신이 변했음을, 아주 많이 변했음을 느꼈어요.

그동안 겪은 고통이 방임과 나약으로 빗나간 교육 탓에 굳을 대로 굳어버린 마음 밭을 파 엎었던 겁니다.

그 기나긴 병치레가 실은 하나의 은총임을 깨닫게 된 거지요.

땅을 갈아엎어 흙을 고르고 봄기운이 움터 나오게 하는 쟁기 역할을 했던 겁니다.

무엇보다도 제게 두 가지 도움을 준 셈이지요. 제 안에 꽉 차 있던 온갖 자만심을 없애 주었고 또 하나는 제게 새로운 눈을 뜨게 해 주었으니까요.

자만심으로 말하자면 작고 힘없고 불안하고 병들고 보잘것없는 인간의 쓰디쓴 가난을 맛보게 함으로써 없애 주었는데, 이런 가난은 오로지 겸손 안에서만 진실과 사랑의 길을 찾아 얻을 수 있는 거지요.

그때까지는 아무것도 제대로 보지 못하고, "그들은 눈이 있으면서도 보지를 못한다"는 시편 말씀도 못 알아들었던 것 같아요.

저는 보지를 못했던 거예요!

그런데 이젠 보았어요. 해와 달과 땅과 샘과 꽃이 보였어요. 전에는 못 보던 것들인데.

그때까지는 다 당연한 것들로, 그저 경치의 장식쯤으로 지나쳤던 것들이에요. 마치 낯선 사람을 바라보듯 그렇게 바라보기만 했던 겁니다.

그런데, 이제는 제게 말을 걸어오고 가까이 느껴지고 사랑하고 감동하게 되었지요.

아니, 노을을 바라보며, 나비와 나리꽃으로 덮인 들판을 바라보며, 저는 마냥 눈물을 흘렸답니다.

모든 게 새로웠고 또 새로워 보였고 눈으로 흘러 들어오는 빛은 마음 안에서 기쁨으로 바뀌었어요.

저의 진정한 첫 기도는 이때 나온 것이라고 여겨져요. 그 이전에도 물론 어머니를 따라 자주 기도는 했지만. 어쨌든 감사하고 싶은 마음은 이때부터 생긴 거예요.

하늘에 감사.

땅에 감사.

생명에 감사.

하느님께 … 감사.

'하느님'이라!

하느님이 내겐 누구이신데?

대답하기 어렵네요.

저 프란치스꼬는, 이 움브리아 땅의 아들인 저는, 우리 고장 모든 사람과 함께 언제나 하느님을 호흡하며 살아 왔었지요. 우리네 올리브 밭의 안온함, 우리 고장의 빼어난 풍치, 모든 것을 다 감싸는 저 부드러운 빛과 하느님을 하나로 보았었지요.

이토록 아름답고 조화롭고 정겨운 땅에 태어났으면서 도대체 어떻게 하느님을 못 느낄 수가 있었겠어요?

있을 수 없지요. 그건 불가능해요. 우리 고향 사람들은 하느님을 믿었어요. 저도 믿었어요.

그렇기는 하지만 우리에게 하느님은 누구시던가요?

제게는 하느님이 누구시던가요?

대답하기 어렵네요.

하지만 제가 당장 그리고 분명하게 말할 수 있는 것은 이겁니다. 저에게 있어 하느님이었던 바로 그분이 제 안으로 밀고 들어오셨다는 겁니다.

움브리아에서 자라나던 어린 시절의 저 아득한 존재 하느님이 점점 더 가까이 다가오시면서 당신이 하늘과 땅에 마련한 온갖 '조물'이라고 하는 기막힌 표징들을 가지고 제게 말씀을 걸어 오시더라는 말입니다.

그렇게 저를 찾고 계심을 알았어요. 그런 뜻으로 놀라운 전령인 조물들을 제게 앞세워 보내고 계심을 알아들은 거예요.

제게 말씀을 거시려는 걸 느꼈지요. 그래서 되풀이 여쭈었어요. "저더러 뭘 하라시는 겁니까, 주님?"

이 소리가 점점 쉽게 떠오르게 되더니, 나중에 스폴레토에서 무사생활에 혹시나 뛰어들까 하던 저 마지막 한심한 시도에 이르러서는 하나의 말대꾸로 써먹었지요. "프란치스꼬야, 너는 하인 노릇이 더 나으냐 아니면 주인 노릇이 더 나으냐?" 하시는 소리에 "주인 노릇이죠" 해 놓고는 대뜸 또 보챘지요.

"저더러 뭘 하라시는 겁니까, 주님?"

2

구원은 가난한이에게서

중산층의 있는 집 자식인 저로서는 가난한이들이 저를 구원해 주리라고는 꿈에도 생각한 적이 없었지요.

어머니를 보거나 그때까지 다니던 성당들 모습을 보더라도, 우리처럼 부유하고 괜찮은 사람들이 가난뱅이를 구제하는 거라고 늘 생각했지요. 가난한이들은 그런 우리에게 기대어 살았고 우리의 너그러움이 곧 그들의 구원이라고, 우리가 아니면 죽어야 할 처지에 놓여 있다고 여겼던 거지요.

아아, 우리는, 또 나는 얼마나 눈이 멀었던가요!

바로 그 정반대가 진실이고, 정말 그렇다는 것을 이제는 인생이 제게 드러내 주고 있었지요.

가난한이들이 저를 구해 주는 것이지 결코 제가 가난한이들을 구해 주는 것이 아님을.

저를 도로 일으켜 세워 준 것은 가난한이들이었으니.

이미 말씀드렸듯이 그 기나긴 병 덕분에 저는 새로운 눈으로 보게 되었고, 가난한이들이 제 삶 속으로 들이닥치게 되었어요. 제 마음을 끌었고 저를 가르쳤어요.

그러자 사방에서 그들이 보이더군요. 성당 층계 위에, 남의 집 문간에, 길가에, 수용 시설에, 짚더미 위에, 도시에, 시골에, 도처에.

우리가 살던 시대에는 양로원 같은 것도 없었고 사회 복지는 그저 미래의 꿈에 불과했음을 생각한다면 그때 상황에 아마 짐작이 가실 겁니다.

남 밑에서 일하던 사람이 늙거나 병들어 일을 못하게 되면 길바닥 신세가 되고 말았지요.

구걸하는 딱한 사람이 하도 많아서 나라도 교회도 다 어쩌지 못하는 상처, 곤궁의 상처가 온 세상을 덮고 있었다고 해야겠지요.

가난한이들은 공적 구제의 손길이나 착한 신자들의 꾸준한 활동만 바라고 살아갈 뿐이었답니다.

여왕들이나 부호들은 구제 사업에 나서는 것을 자랑으로 삼았고 명문 귀족들은 어려운 사람들을 자기네 나름대로 내세우는 박애 내지 시혜의 대상으로 여겼는데, 진정한 사랑으로 움직인 경우는 좀 나은 편이었지요.

농가치고 건초를 쌓아 두는 광에 부랑인을 위해 의레 한구석을 마련해 두지 않는 집이 없었고, 신자 주부라면 살아남느라 동냥하는 이들을 위해 빵덩이나 국사발을 따로 남겨 두지 않는 아낙이 없는 세상인심이었어요.

우리 어머니도 마음이 너그러워 가난한이들에게 많이 베풀었기 때문에 집에서 그런 이들을 흔히 보면서 자랐지요.

그렇기는 하지만, 앞서 말씀드렸듯이 생기를 되찾고 모든 것을 새로운 눈으로 보게 되면서 가난한이들 역시 새로운 눈으로 보게 되더군요.

아니, 특히 가난한이들을 새로운 눈으로 보게 된 겁니다.

바로 그들이 저를 구해 주었고 저를 이기주의의 구렁에서 끌어내 주었으니까요. 그들을 바라보면서 저는 살아나갈 힘을 얻었어요. 그건 제가 그들에게서 저 자신의 내일을, 저 자신의 소명을 찾았고 제 인생에 있어 무언가 가치 있는 일을 하는 기쁨을 찾았기 때문이지요.

그뿐 아니라 가난한이들은 참을 줄 모르던 저에게 인내를 가르쳐 주었고 뉘우친다는 게 무언지조차 모르던 저에게 참회를 가르쳐 주었지요.

양순한 마음, 받으면서도 지키는 품위, 내일을 기다

리는 희망, 삶을 꾸려 나가는 용기 등, 더 말할 것도 없지요.

그러나 그들은 무엇보다도 깨닫는 마음을 저에게 열어 주었는데 ….

아직은 말할 수 없지만 그들의 도움으로 제가 발견한 분의 이름은 나중에 알려 드릴 테니 조금만 참아 주세요.

✳

가난한이의 발견은 저를 면허받은 도둑이 되게 했어요. 거기엔 저의 급한 성격과 조금 어린애 같은 옹고집도 한몫 했지요.

도둑질이 가장 마음 내키는 직업이 됐다고나 할까요. 그 무렵 집에서 얼마나 훔쳐냈는지는 다 말 안 하렵니다.

장롱이고 피륙이고 안전한 게 없었으니까요. 집어 가고 자르고 덜어 내고 ….

한편 마음속에는 갈수록 기쁨이 커 가는가 하면 식구들한테 야단맞을까봐 은근히 겁도 더 나고.

너무나 뻔했지요.

어머니는 그냥 내버려 두더군요. 아버지는 좀 달랐어요. 철따구니 없고 돌았다고 여기던 이 프란치스꼬라는 아들 녀석이 영 빗나가는 걸 알아차리자 자기 방어와 더불어 창고 단속에 나서더군요.

아버지를 처음 크게 노여워하게 만든 건 제가 아버지 뜻에 따라 상인이 되지 않기로 작정했을 때였는데, 이번에는 또 가게를 털어 더 크게 울화를 터뜨리게 했던 겁니다.

막무가내 힘겨루기가 된 것은 제가 과격한데다가 고집불통인 탓이었고 아버지는 아버지대로 워낙 인색하고 완고한지라 결국 저를 밉게 보기에 이르렀기 때문이지요. 일이 이쯤 되자 제 도둑질을 눈감아 주던 순하디순한 어머니는 아버지에게 그저 "참으세요, 그냥 두세요, 아직 아픈걸요 …" 소리만 되풀이했지요.

그러나 저는 더 이상 아프지 않았거든요. 다 나아 있었는데, 얼마나 멀쩡하게 나아 있었는데.

지금처럼 멀쩡하게 나았다고 느낀 적이 없었는데. 왜냐하면 파스칼의 원리*를 알게 된 이상 가난한이들을 돕기 위해서라면 아씨시를 다 팔아 버리고 싶은 심정이었으니까요.

우리를 에우고 있는 가난을 인식하게 되면 제일 먼저 발견하는 것이 바로 파스칼의 원리랍니다.

있는 데에서 가져다가 없는 데에 갖다 주기.

---

* 크기나 모양이 서로 다른 그릇들이라도 서로 통하면 거기 담긴 액체의 수준이 똑같이 유지된다는 원리 — 역주.

아주 쉬운 법칙 아닌가요. 모든 차원에서 정치가들이 지켜야 할 법칙인데 말입니다.

저처럼 어린애같으면 이 법칙을 실천하느라 실수도 하지요. 저처럼 교회법 따위는 무언지도 모르면서 그게 잘하는 일이라고 생각하고 도둑질을 한다든가.

하지만 점잖고 대단한 사람, 우리 아버지같이 대단한 사람 눈에는 사정이 달리 보였지요.

솔직히 말해 저는 성질이 못나서 이것저것 잘 조절할 줄 모릅니다. 반면, 아버지는 아들이 머리가 돈 게 아닌가 하는 의문마저도 받아들이기엔 너무나 자존심이 상했던 거지요.

저의 몸가짐을 지켜본 많은 이들은 아닌 게 아니라 제가 미치지나 않았나 하고 여기게 되었던 겁니다.

바로 이 점이 아버지 속을 무척 상하게 한 거죠. 마냥 퍼 주는 저의 선심 때문에 아버지의 인색함이 상처를 입기도 했지만, 그것보다도 삐에트로 디 베르나르도네의 아들 프란치스꼬가 미쳤다는 눈치를 점점 더 보이며 사람들이 슬며시 미소 짓는 게 기가 막혔던 거지요. 사람들은 또 그렇다고 믿었어요. 왜냐하면 누구든 그리스도와 복음을 따라 살기 시작하면 미쳤다고 하거든요. 특히 성당에 잘 다니고, 하늘과 땅 사이에 똑같이 거리를 두고는 '여기 아래'는 아래대로 즐기면서 '저기 저위'는 또 위대로 확보해 놓은 그런 사람들, 양심의 모든 문제를 그렇게 해결한 사람들일수록 누구든 자기네 생활양식에서 벗어나기만 하면 곧 미쳤다고들 하니까요.

더구나 제가 열이 나서 아무렇게나 막 입고 누더기를 즐겨 뒤집어쓰곤 하자 걸핏하면 뒤에서 몸짓으로 흉을 보기도 하고 때로는 돌을 집어 던지기도 했어요. 그건 마치 제가 일반 상식 밖으로 뛰쳐나가면서 '생각 있는' 사람들 사회에서 쫓겨나기로 작정한 셈과 같았지요. 그래요, 아버지가 마침내 저를 주교님께 고발하기에 이른 것도 돈 때문이 아니라 아버지로서는 더없이 소중하게 여기던 아씨시 민심 앞에 무슨 꼴이 될까 하는 두려움 때문이었지요.

그리고 대중 앞에서 저마다 입장을 말해야 하는 판에 저도 제 나름의 변을 늘어놓아야 했는데, 그때 성령의 감도를 받아 그 비정하면서도 분명한 복음적인 행동을 한 겁니다.

저는 옷을 홀랑 벗고 원래 아버지 것인 그 옷을 아버지 품에 던지면서 "이제부터 더는 삐에트로 디 베르나르도네의 아들 프란치스꼬라고 하지 않고 하느님의 아들 프란치스꼬라고 하겠습니다"라고 말했지요.

우리 부자는 참 어지간한 사람들이었나 봐요.

아버지에게는 가혹했다고 느꼈어요. 그렇지만 사람들은 복음 그대로 살고 있지 않았고, 많은 사람이 가난한이들의 현실을 우습게 알고 있었어요.

그래요, 저는 비정했어요. 하지만 젊었고 미숙했고, 그 무렵 제게는 가난이 아직도 그 첫 단계에밖에 와 있지 않았어요. 요즘 여러분이 사회정의라고 부르는 그런 단계 말입니다.

사실 제가 상류층 사람들 얼굴에 옷가지를 내던지면서 하고자 했던 말은 바로 이것이었어요.

"여러분은 자신이 도둑놈들인 줄 모르나요? 한 고장 사람들을 가난으로 내모는 것은 여러분 자신인데요. 삐에트로 디 베르나르도네, 당신이 부자가 된 것은 일꾼들의 피땀을 짜낸 덕분이고, 지금 잘살며 누리고 있는 것도 일자리를 잃고 병들어 아씨시의 여러 성당 앞에서 구걸하고 있는 늙은 일꾼들의 눈물 덕분이에요."

그때 주교님 앞에서 벌거벗은 저 자신이 얼마나 진실하다고 느꼈던지.

오늘에 이르기까지 누가 저에게 그런 행동을 할 힘을 주었는지 묻게 돼요. 그 행동은 소위 '좋은 사람들'의 위선과 궤변을 깨 버린 참된 상징이었지요.

주교님이 벌거벗은 저를 당신 외투로 감싸주신 것은 민망해서인지 사랑에서인지 잘 모르겠네요.

아마 사랑에서였으리라고 생각해요. 저를 아끼시고 이해하려고 하셨으니까.

어쨌든 그 순간만큼은 가난한이들의 교회의 모든 가난한이들을 제가 대표하고 있다는 느낌이 분명히 들었

어요. 또 그때부터 주교님의 그 외투가 어쩐지 차갑고
무겁다는 느낌이었는데 아마 너무 호화로운 데다가 쓸
데없는 것들로 잔뜩 꾸며져 있어서 그랬을까요?

3

가난한 하느님

이렇듯 제 눈에서 비늘이 벗겨져 모든 조물의 놀라운 아름다움이 보이게 되고 가난한이들의 고통이 해방을 가져다줌을 깨닫기 시작하자 저는 침묵과 기도의 필요를 느끼게 되더군요.

아씨시 시내를 벗어나면 외따로 기도하기 좋은 곳이 많이 있었는데 위로 가면 넓은 숲으로 덮인 수바시오 산이라든가 아래로는 리보 또르또 강변의 풀밭이 그런 곳이었지요. 그런 데에 가면 마음 편하게 혼자서 얼마든지 기도하거나 울거나 할 수 있었어요.

저는 은수자 차림을 했는데 그것은 제게 세속과의 결별과 거침없는 자유를 느끼게 해 주었어요. 그러고는 맨발로 풀밭을 즐겨 뛰어다니면서 하느님께서 제 몸 안에 심어 주시는 기쁨을 느끼곤 했지요.

때는 1205년 가을, 참나무 물푸레나무 자작나무 오리나무 잎이 한창 붉게 또는 노랗게 물들 무렵 그 고운 단풍이 제게 깨우쳐 준 것이 있었어요. 하느님을 섬기기에 꼭 알맞은, 이토록 화려한 고장에서 제가 태어났구나 하는 것이었지요. 저의 '지존하신 주님'을 부르기 시작한 것도 바로 이때부터였어요.

리보 또르또 강 쪽으로 내려가다 보면 마음에 쏙 드는 곳이 한 군데 있었어요. 그것은 아름답게 펼쳐진 풀밭에 그냥 맨돌로 쌓아 올린 조그맣고 가난한 성당 하나가 적막한 고요 가운데 서 있었기 때문이지요. 그 이름은 성 다미아노 성당이었는데, 가난한 사람들뿐 아니라 가난한 것들을 찾아 나선 저 같은 사람에게 꼭 어울리는 듯했어요.

그 작은 성당 바닥에 앉거나 무릎 꿇고 저는 처음으로 여러 차례 피정을 했는데, 가만히 보니 벽과 지붕에 상당히 금이 가 있었어요. 성당은 무너질 지경이더군요.

그리고 제대 위로는 매우 훌륭한 비잔틴 풍 나무 십자고상苦像이 고딕 궁륭으로부터 드리워 있었는데, 제게 말씀을 하시고 제 마음에 크게 와 닿는 거였어요. 그것은 그리스도의 왕다운 위엄과 아울러 그분의 더없이 겸허하고 온유한 두 눈이 보내는 눈길이었어요.

저는 시간 가는 줄 모르고 그저 바라보며 기도하며 울었어요.

어찌나 많이 울었던지 부끄러운 생각이 들어 "프란치스꼬야, 너는 계집아이로구나" 하고 혼잣말을 했어요.

그러면서도 마냥 울면서 눈물을 쏟았더니 후련하더군요.

하루는 그 십자고상을 바라보고 있는데 분명 입술이 움직이는 인상을 받았고, 동시에 제게 말씀하시는 음성이 들려왔어요. "프란치스꼬야, 내 집 좀 고쳐 다오. 너도 보듯이 다 망가졌단다."[1]

---

[1] 움직이는 입술을 제 눈으로 보고 제 귀로 들었다는 이야기에 여러분이 너무 얽매이지 않았으면 좋겠어요. 이제는 제대로 알고 드리는 말씀인데, 여러분이 광신이나 미신에 빠지지 않고 모든 것을 신앙 안에서 받아들였으면 해요.

나무로 만든 그리스도상이 실제로 입술을 움직이지는 않지요. 그때 제 곁에 사리판단에 밝은 우리 아버지 삐에트로 디 베르나르도네가 있었더라면 아무것도 보지 못했을 것이고 더구나 아무것도 듣지 못했을 거예요.

보고 들은 것은 저였어요. 믿음 안에서 보고 듣고 했으니까. 인간 차원과 하느님 차원의 접경에서 일어나는 이런 현상은 아무도 설명할 수 없는 일이에요. 우리로서 아는 것은 그런 일은 희망과 사랑 안에서 일어나며 또 철저하게 개인적이라는 점이지요.

하느님께서 우리의 믿음을 보이는 모습과 비추는 빛과 들리는 말소리로 북돋워 주시는 것은 우리의 빈곤을 메우고 하느님과의 관계를 뚜렷이 해 주시려는 것이지요. 다만 그 관계가 유효하려면 믿음 안에서 맺어져야지요.

믿음 안에서 아브라함은 천사를 보았고 야곱은 하늘로 오르는 사다리를 보았던 거지요. 희망 안에서 아브라함은 불타는 떨기를 보았고 사랑 안에서 요셉은 마리아를 아내로 맞을 꿈을 꾸었던 거지요.

여기서 중요한 점은, 하느님 차원과의 관계가, 그리고 하느님께서 인간에게 말씀을 걸어오시는 방편이, 효력을 갖게 하는 것은 결국 믿음이라는 점이지요.

성 다미아노 성당의 십자고상
비잔틴 양식의 12세기 회화. 아씨시의 성녀 글라라 대성당 소장

제가 받은 인상이 어떠했는지는 말하지 않으렵니다. 그것은 보이지 않는 세상에서 저에게 들려오는 전갈 같았고, 오랜 세월에 걸친 방황과 시도와 모색의 기나긴 세월을 마감해 주는 것이었어요.

어떤 무한한 감미로움이 저를 가득 채우는 느낌이 들어 그 십자고상에 입맞추러 다가갔지요.

거기에는 저 혼자만 있었으니까 예수님을 온몸으로 끌어안으려고 겁 없이 제대 위로 뛰어 올라갔어요.

그러고는 그리스도를 어루만지고 깨끗이 닦아내고 바라보고 하느라 얼마나 오래 거기 머물러 있었는지 모르겠네요.

눈물과 한숨 사이사이에 손과, 발과 옆구리의 상처에 입을 맞추면서. 제 손으로는 마치 사랑에 빠진 이가 애무하듯이 그분을 다정하게 쓰다듬으면서.

그 순간부터 저는 말하자면 그리스도 강생의 신비로 벼락을 맞았다고 고백해야겠지요.

가난한이들이 저를 땅바닥에서 일으켜 세워 걸어가게 한 주역이었다면, 하느님의 강생이라는 생각은 그때까지 저 스스로 평생 제기했던 모든 물음에 대한 유일한 해답이 되어 가고 있었어요.

예수님이 만사의 종합이셨어요. 그분 안에서 하늘과 땅이 모든 모순을 하나의 훌륭한, 생기 넘치는, 하느님다운 일치로 묶어 주면서 인간의 모든 갈증을 풀어 주는 것이었어요.

성 다미아노 성당의 그 순간부터 저 자신이 그리스도 안에서 현실이 되고, 이해받고, 의미를 띠고 또 무엇보다도 행복함을 느꼈어요.

예수님의 십자가가 바로 인간의 행복이고 모든 의문에 대한 사랑의 해답이며 모든 분쟁의 화해이고 모든 대립의 극복이며 죽음에 대한 하느님의 승리인 겁니다.

하느님의 아드님이 십자가 죽음을 맞으셨으니 저는 구원받은 거지요.

모든 슬픔은 이제 물러났지요.

우리는 누구나 세상의 주인이 된 거지요.

가난한이는 누구나 부자가 된 거지요.

모든 마음은 채워진 거지요.

모든 꿈은 가능해진 거지요.

제대에서 내려와 성 다미아노 성당 바닥에서 맨발로 춤을 추기 시작했어요.

기쁨과 생기가 넘쳐 미쳐버린 광대가 된 기분이었어요.

노래하고, 웃고, 울고, 땅바닥에 뒹굴고 … 하느님의 솔개가 제 심장을 움켜잡아 그 사랑의 몸부림에서 솟구치는 행복감을 더는 걷잡을 수 없을 것 같았어요.

얼마나 오랫동안 그처럼 기쁨에 겨워 정신이 나간 상태로 있었는지 잘 모르겠어요. 한참을 그러다가 손바닥

만큼이나 넓은 틈이 벽에 나 있는 걸 보고는 예수님께서 제게 하신 말씀이 문득 생각났어요. "프란치스꼬야, 내 집 좀 고쳐 다오."

저는 미장이도 아니고 평생 일이라곤 해본 적도 없는데, 그 순간에는 성 루피노 주교좌 성당처럼 커다란 성당도 지을 수 있을 것만 같은 기분이었어요.

그러니 성 다미아노 성당쯤이야! 상상해 보세요.

밖으로 뛰쳐나가 돌을 주워 모으기 시작했지요. 특히 네모난 돌을.

그런데 즉시 멈추어야 했어요. 가위눌리듯 누가 저를 덮치면서 악을 쓰는 거예요. "돌이 거저 줄 알아? 이 돌들은 내 거야. 다른 데 가서 찾던가 해."

훔치는 제 버릇을 주님을 위해 발동하다가 한바탕 야단은 맞았지만 그래도 안으로부터 솟아오르는 기쁨은 억누르지 못하겠더군요. 아니, 너무나 기뻐서 차분하고 슬기롭게 일을 할 줄 몰라, 벌써 거칠어진 제 손이 아픔도 못 느낄 만큼 무디어지더군요.

아씨시에 가서 돌을 구걸할 생각을 했어요.

제가 분별없는 자라는 평판은 벌써부터 나 있었지만 이번 구걸 행각으로 아주 엉망이 돼 버렸지요.

저것 좀 봐, 삐에트로 디 베르나르도네 아들 녀석이 무슨 엉뚱한 생각을 하나!

정말 미치고 말았군!

예, 그래요. 아씨시의 친구분들, 그래요, 저는 미쳤어요.

그렇지만 제가 어떻게 미쳤는지 제발 좀 아셨으면.

저는 사랑으로 미쳤단 말이에요.

더는 어쩔 수가 없어요.

멈추려도 멈출 수가 없어요.

저 예수님을 눈앞에 바라보기만 하면 속이 온통 타오르는걸요.

여러분은 그래 전능하신 하느님의 아드님, 저의 주님이 어떤 존재이신지 통 모르나요?

사람이 되신 걸 모르나요? 또 그것도 모자라 가난한 자가 되신 것도 모르나요?

보세요. 얼마나 가난하신가! 아무것도 걸치신 것이 없지 않아요.

바로 그분이, 하늘과 땅을 지으신 분이, 몸소 우리 가운데 오셨어요.

다른 누구를 보낸 게 아니에요. 당신이 몸소 오셨어요.

힘있는 사람들의 추천을 받지도 않으셨어요. 좀 더 편하게 지내려고 가지고 오신 것은 아무것도 없어요.

당신의 권능과 신성이라는 갑옷 속에 숨지도 않으시고 우리네 인간 중에서도 가장 말째로서의 인생을 받아들이셨어요.

하느님이신데 우리 가운데 가난한 자로, 약한 자로, 상처 입은 자로, 무고당한 자로, 수감자로, 유죄판결 받은 자로 계셨어요.

아씨시의 여러분, 동정해 주세요. 돌 좀 주세요. 하느님의 성당을 제가 손질해야 하니까요.

그러고는 뛰어갔지요. 성 다미아노 성당으로 뛰어갔지요.

그곳에서, 그 십자고상에서 멀리 떨어져 있을 수가 없었거든요. 아예 거기서 살기로 했어요. 언제나 거기 머물기로, 동냥과 노동으로 살아가기로 했어요.

그 성당에서 전례를 집전하는 신부님에게 십자고상 앞에 켜 놓은 등잔불을 절대로 끄지 말아 달라고 여쭈었지요. 거기 쓰일 기름은 제가 대겠다고 약속하면서.

제 피가 탈 수만 있었다면 그 십자고상 앞에 등불을 밝히는 데 기꺼이 바쳤을 거예요. 저에게 온 우주의 신비를 풀이해 주었고 또 그리스도와 보이지 않는 세상의 진리 안으로 들어가도록 저를 도와준 십자고상이었으니까.

4

가난의 신비

성 다미아노의 십자고상이 매우 중요한 것 한 가지를 제게 드러내 보여 주었지요. 저는 그것을 잊지 않으려고 애썼을뿐더러 제 삶의 한결같은 지침으로 삼아 왔답니다.

가난은 가난한이들을 돕는 데 있는 게 아니라 스스로 가난한 존재가 되는 데 있다는 진리가 바로 그것이지요.

가난한이들을 돕는다는 것은 기본이지요. 애덕의 일부이자 표현이니까요. 그러나 가난한 자로 산다는 것은 전혀 다른 일이에요.

예수님은 가난하셨어요.

저, 프란치스꼬는 가난한이가 되고 싶었어요.

가난하다는 게 무엇을 뜻하는지 차츰 분명히 깨닫게 된 것은 가난한이들을 바라보거나 예수님을 바라보면서였지요.

가난한이가 된다는 것은 아무것도, 거의 아무것도 갖지 않기를 뜻하는 거였어요. 재산도 물건도 돈도 안전 보장도 소유하지 않기를 의미하는 거였어요. 실제로 가난한 사람들처럼, 예수님처럼. 그리고 그것이 전부도 아니었어요. 그것은 밖으로 드러나 보이는 표시일 뿐이었으니까요.

진정한 가난은 저 밑바닥까지 들어가 정신을 움직이는 것이었어요. 예수님도 말씀하셨어요. "마음이 가난한 사람은 행복하다. 하늘나라가 그들의 것이니."

이 말씀이 얼마나 마음에 와 닿던지. 그 뜻을 깨달으려고 얼마나 애를 썼던지!

"마음이 가난한 사람은 행복하다."

즉, 가난한이라고 모두 똑같지는 않다는 뜻이에요. 마음으로 가난한이들도 있고 또 가난한이들 … 그저 가난한이들도 있다는 말씀이지요.

제가 살아오면서 특히 근래 만난 가난한이들을 생각해 보니 과연 그냥 가난하기만 한 가난한이들도 있다는 걸 분명히 알겠더라구요. 그들은 그저 가난하기만 하고, 매우 슬프고 곧잘 성이 나 있고 도무지 복되지 않은 사람들이었어요.

그런가 하면 복된 가난한이들도 분명히 기억이 나요. 가난이 아름다운 옷 같은 사람들도 있었어요.

하느님의 그느르심 아래, 하느님의 현존에 힘입어, 자기들이 존재한다고 확신하는 가난한이들.

냉대를 받아도 사랑할 줄 아는 가난한이들, 시련을 겪으면서도 참아내고 늘 희망에 차 있으며 곤경에 빠져도 꿋꿋한 가난한이들.

자신의 삶 안에 계시는 하느님이 자기들을 곳간 없이 사는 하늘의 새들처럼 돌보아 주심을 드러낼 줄 아는 가난한이들.

이런 사실이 저를 사로잡았던 거지요.

어떻게 하면 저 자신에게 그리고 세상 사람들에게 이 진실을 입증할 수 있을까. 오직 하느님만으로 내게는 충분하고 아무것도, 정말 아무것도, 걱정할 필요가 없음을. "그것들은 수고도 하지 않고 길쌈도 하지 않는다. 그러나 온갖 영화를 누린 솔로몬도 이 꽃 한 송이만큼 화려하게 차려입지 못하였다"는 말씀대로.

하느님 친히 먹이시고 입히시고 이끌어 주신다는 생각에 취해, 이 세상 어떠한 힘도 저의 이런 생각을 바꾸어 놓을 수 없었지요. 적은 돈이라도 따로 챙겨 두거나 음식곳간을 지어 놓거나 집을 사 둔다거나 하는 것은 저의 주님께 대한 신뢰심 없는 짓이었겠지요.

그렇다고 모든 사람이, 가령 우리 아버지 같은 사람도, 이런 식으로 살아야 한다는 주장은 결코 아니에요.

그건 불가능한 일이지요. 도회지는 그 나름의 법칙대로 꾸려 나가야 하고 사람들은 저마다 다른 생업이 있지요.

제가 내세운 주장은 하느님 사랑의 증인이 되겠다는 저 자신과 저를 따르겠다는 사람들을 위한 것이었어요.

실은 얼마 전부터 이러한 생활양식을 누가 같이 따라 해 주었으면 하고 바라기 시작했고, 신앙을 함께 나누면서 '지존하신 나의 주님', 진정 우리 삶의 임자이신 그분을 함께 찬양할 동지를 만나기를 꿈꾸고 있었거든요.

제가 본 수도자의 모습은 봉헌된 사람, 예수님을 따르기 위하여 모든 것을 버리고 이 세상 길목에서 보이지 않는 하느님의 증인이 된 사람이었어요.

그러니까 저로서 가난한이의 선택은 사회적 또는 정치적 선택이 아니라 신비적 선택이었던 겁니다.

제가 살던 시대에도 사회적 투쟁이나 불의에 맞서는 서민의 소란이 없었던 건 아닙니다. 농민들은 끊임없이 지주들에게 대들었고 아씨시 같은 자유도시는 영주들의 간섭과 나으리들의 월권에 노골적으로 맞서곤 했지요.

그렇게 하는 건 옳은 일이었고 또 실제로 그렇게들 했어요.

인간이 자유를 위해 이런 투쟁을 해 온 건 아담의 시대부터인데 창조된 온 인류가 정의를 위해 또한 진리와 사랑의 완성을 위해 벌이는 이 투쟁은 끝날 날이 없을 겁니다. 그러나 참된 행복은 그와는 다른 것이지요.

프란치스꼬 제가 복음의 호소에 응한 것은 아씨시에 하나의 정치 세력을 조직하려고 한 것이 아니었어요.

분명히 생각나지만 저의 응답은 복음을 위해 아무런 대가 없이 한 것이었어요. 부자와 대립하거나 다투기 위해서도 아니고 더욱이 잘사는 계급에 대한 어떠한 미움에서도 아니었어요.

저를 따라오는 가난한이들에게 권리 쟁취를 위해 싸우자고, 급여를 올리도록 투쟁하자고 말한 적은 없고, 일하며 짓눌리고 박해받고 죽임을 당해도 우리는 복되다고 말했을 뿐이에요. 복음이 제게 가르쳐 준 것은 인간의 과업보다는 인간의 신비에 더욱 무게를 두라는 점이었지요.

저는 인간이 해야 할 일에 대해서는 잘 모르겠더군요. 그 반면에, 저 자신 즐기는 삶을 살아온 터라 오히려 더 잘 알겠던데, 어떤 가난한 사람 고통받는 사람 병든 사람이 미소를 지을 줄 안다면 그것은 하느님이 계시고 어려운 사람을 그 고생 중에 도우신다는 증거라는 거였어요.

제가 살던 시대에도, 거의 여러분이 살고 있는 오늘처럼, 사회투쟁은 요란하고 거셌지요. 여기저기서 가난한

이들이 무리를 지어 교회가 가난해야 하고 사회가 새로 워져야 한다고 외쳐 댔지만 무엇 하나 달라지는 게 없었는데, 그건 사람들 마음이 바뀌지 않기 때문이었지요.

그런 선동에 앞장서던 가난한이가 어쩌다 부자가 되면 다른 부자들과 마찬가지로 서로를 부리고 빈곤 중에 함께하던 동지들을 저버리기가 일쑤였어요.

오늘 여러분에게 일어나고 있는 일들이 예전에도 일어나곤 했던 거지요.

노동자의 해방을 위해 싸우던 혁명가들 자신이 국가를 세우고 힘과 돈을 쥐는 날에는, 자신과 생각을 달리하는 노동자들에게 총을 쏘고, 노동자들은 그들대로 착취당한다고 느끼게 되지요.

그리고 부자 나라 노조원들은 또 어떤가요? 가난한 나라 노동자들이 들어와 같은 빵을 나누어 갖지 못하게 누구보다도 기를 쓰고 길을 막지요.

아니에요. 법률을 바꾼다고 될 일이 아니에요. 마음을 바꾸어야지. 안 그러면 사회운동의 길을 가는 데까지 힘들여 간 끝에 그 처음과 마찬가지로 이제는 여러분 스스로가 세도가가 되고 부자가 되고 다른 가난한이들을 착취하는 자가 될 터인데.

최근의 심각한 사례로, 그 이름부터가 이교도들 한 가운데에서 으뜸가는 모범이 되어야 할, 이스라엘을 보세요.

이스라엘은 탈출기가 전하듯이 이집트에서 노예살이를 했어요. 힘겨운 고생 끝에 해방되어 약속의 땅에 다다랐지요.

그러고 나서 무엇을 했던가요?

종살이하던 너 이스라엘아, 기억하라 …
너도 이방인이었으니
종살이하는 이들을 아끼고
이방인들을 아껴라.

그런데 어떻게 됐지요?

주님의 이 말씀을 귀담아듣기는커녕 무력으로 오만방자해졌지요.

이 얼마나 기막힌 역사의 모순입니까!

이사야가 말하던 바로 그 작은 '나머지'가 제 손으로 남들을 '나머지'로 만들고 팔레스티나 백성 같은 이방인을 가난뱅이로 만든 거예요.

오늘날 하느님 앞에 진정한 이스라엘의 '나머지'는 이스라엘이 아니라 팔레스티나 민족이라니!

거룩한 역사에 어찌 이런 끔찍한 일이!

그리고 이것이 언제나 현실이라니!

그래서 저는 제 길을 간 겁니다, 복음의 길을. 제게는 가난이 해방의 상징이었으니까요. 그러나 저를 부유

층의 저 고질적 정신상태에서 끌어낸 도구이자 원동력은 진정한 해방, 마음의 자유로움이었어요. 부자 정신의 또 다른 이름은 이기심, 패권, 오만, 향락주의, 우상숭배, 굴종 따위지요.

저는 그게 어떤 건지 알고 있었어요.

부자로 산다는 게 무엇을 뜻하는지, 편한 생활을 즐기는 생활에서 오는 위험이 무언지 알고 있었어요. "너희 부자들은 앙화로다" 하는 루가복음의 말씀이 귀에 울렸을 때 저는 소름이 끼쳤는데 그것은 제가 죽을 위기에 처해 있고 우리 집에 가득한 우상들을 귀한 줄로 여기고 있었다는 것을 깨달았기 때문이지요. 도망치지 않았으면 저를 묶어 놓았을 그 우상들을.

한 도시를 이끌어 나가는 임무를 저도 이해하지 못한 것은 아니지만 저는 그 너머로 나아가야 했어요.

저를 꾸짖으셔도 좋습니다. 꾸짖으세요. 그러나 제가 복음에서 본 것은 그 너머로 나아가는 것, 모든 문화와 모든 제도와 모든 문명 저 너머로 나아가는 것이었어요.

복음은 영원불변하는 것이라고 느꼈어요. 그리스도교 문화까지 포함해서 문화와 정치는 시간 안에 머무는 것이지만.

저는 본래 시간 너머로 나아가도록 되어 있었던 거예요.

정의를 찾고 인간의 평등을 찾는 데에는 구약으로 충분하지요. 신명기, 열왕기, 레위기를 보면 다 알 만한 일이지요.

거기 보면 양식良識과 신국적神國的인 사고방식에 따라 나라를 세우는 법을 배울 수 있지요. 또 전쟁을 하고 포로를 감옥에 가두고 전리품을 나누어 가지고 죽이고 고문하는 법도 배울 수 있지요. 어쩌면 우리네들도 때로는 하느님 이름으로 해 왔듯이.

그러나 복음은 달랐어요.

복음은 언제나 지시는 하느님, 사람을 구하기 위해 십자가에 달리시는 하느님의 어리석음입니다.

복음은 눈물과 가난과 박해 가운데에서도 참된 행복을 외치는 사람들의 어리석음입니다.

이것을 제가 깨달았던 겁니다. 지혜롭고 신중하다는 사람들이 저를 망가뜨릴 판이었기 때문에 살아남기 위해 이 어리석음을 내세웠지요. 그리고 다행히도 진짜 어리석음, 구원을 가져다주는 어리석음인 복음을 찾아 얻은 겁니다.

✳

그런데 또 있었어요. 하느님은 제가 나환자들을 만남으로써 그것을 알아듣게 하셨지요.

나환자들이 저에게 얼마나 끔찍하던지.

그건 어쩌면 나환자를 죄의 모습 자체로 여기던 교회의 해묵은 버릇 탓인지도 모르겠어요. 그들은 강제로 격리되었고, 우리 부모들도 병이 옮을까봐 겁을 냈고, 저 자신 또한 나환자의 몰골을 차마 쳐다볼 수도 없었거니와 온 세상의 황금을 다 준다 해도 나환자를 만질 엄두는 못 냈지요.

그런 환자를 혹 만날 수도 있다는 상상마저 얼른 뿌리쳐 버리는 저였으니까요.

그런데 만났어요.

가던 골목이 어찌나 좁던지 서로 스치고 지나가지 않으려면 도망쳐야 했는데 ….

도망칠 생각이 불쑥 났는데 성 다미아노 성당 십자고상이 떠오르면서 앞을 막더군요.

꼼짝없이 골목 한가운데에 멈추어 섰지요.

누더기를 걸친 나환자는 느릿느릿 앞으로 다가오고.

그는 헝겊으로 싸맨 손을 내밀면서 아픔이 서린 온유하고 겸손한 눈으로 저를 바라보는 거였어요.

그 순간 성 다미아노 성당의 십자고상이 떠올랐는데 바로 그와 똑같은 눈이 저를 바라보고 있지를 않겠어요.

무슨 일이 제게 일어났는지 정말 모르겠어요

앞으로 껑충 뛰어나가 나환자를 껴안고 그 입술에 입을 맞춘 거예요, 제가.

그 나환자의 눈에서 저는 말씀의 강생 신비를 엿보았어요.

그림_NORBERTO

나환자는 울음을 터뜨렸고 저도 그와 함께 울었어요.

가지고 있던 모든 것을 꺼내 그에게 건네주었어요.

그러나 그건 제가 그에게서 받은 것에 비하면, 그가 입맞춤으로 제게 준 깨달음에 비하면 아무것도 아니었어요.

그 순간 제가 영원토록 아내로 맞으려던 그녀, '가난 부인'의 빛나는 옷자락을 만졌던 겁니다.

그 나환자의 눈에서 저는 말씀의 강생 신비를 엿보았어요.

이젠 제 배우자를 알게 되었고 그녀 안에서 하느님 자신이 사랑하시는 존재, 곧 가난한이를 사랑하게 되었음을 느꼈어요.

나환자에게서 알아본 '가난 부인'은 이 세상 전체의 가난 그것이었고 모든 작고 힘없고 고생하는 것과의 연대였으며 하느님 자비의 가장 소중한 접점이었어요.

가난 부인!

그녀의 더없이 겸허한 얼굴은 제가 만난 모든 가난한이의 얼굴이었어요.

그녀의 눈에 가득 고인 눈물은 진주였으며 그것은 몇 안 되는 사람들에게만 계시되는 신비 가득한 눈이었어요.

그녀의 향기는 보이지 않는 세상의 향기여서, 편하고 쉬운 것들의 향락으로 부르는 게 아니라 정신의 영웅들의 향연으로 부르는 향기였어요.

그때까지 저는 가난이란 이 땅의 저주로, 창조의 어처구니없는 실수로, 하느님의 어떤 저버림으로, 사람들이 고통받으라고 마구 안기는 말 못할 혼란인 줄로만 여겼었는데.

이제는 그 너머로 보았어요.

가난에 저주가 들어 있는 게 아니라 사람의 마음을 굳어지게 하는 부유와 권세와 허욕에 저주가 들어 있어 독이 된다는 것을.

가난이란 창조의 한 실수가 아니라 인간이 신비를 만나게 하며 하느님을 찾아 나서고 자기 자신을 끝까지 내놓게 하는, 어쩌면 창조의 가장 중요한 마지막 장이라는 것을.

가난이란 하느님이 그대를 저버리신 게 아니라 그대의 저 깊이에서 거저 베푸는 사랑과 벌거벗은 사랑을 캐내시는 참다운, 쓰라린 방법이라는 것을.

가난이란 사람들을 옭아매어 울리고 세상에 태어난 날을 저주하게 하는 혼란이 아니라 그들이 하늘나라에 태어나게 하는 어머니의 품이라는 것을.

그 순간부터 저는 더 이상 의심이 없어졌어요. 가난이란 어디보다도 하느님의 손길이 와 닿는 곳, 참다운 사랑의 가장 좋은 배움터, 자비를 불러들이는 가장 강력한 매력, 하느님과의 스스럼없는 만남, 이 땅을 건너가는 가장 안전한 길이었어요.

그래서 가난 부인과 열정의 혼약을 맺었어요. 그때부터는 제 안에 어떤 두려움도 없어지더군요.

아니, 그것은 진정한 자유의 시작이었어요.

＊

그렇다고 제가 본의 아니게라도 남의 마음을 아프게 할 생각은 없어요. 이 경우, 누구보다도 헌신적인 사람들에게 해당하겠지요.

복음이 선포한 가난의 진복真福을 제가 이렇듯 강조하는 것은 남들과 논쟁을 벌이기 위한 게 아니에요. 그들 또한 가난한이가 짓밟히고 굶주리고 고문당하고 천대받는 것을 보고 복음의 이름으로 게릴라에 가담하여 싸우고 있는 터지요.

가밀로 또레스와 체 게베라를 저는 존경합니다. 가난한이를 보호하기 위해 용감하게 죽음을 택한 그리스도인들을 모두 존경하듯이.

그들이 처음도 아니고 그렇다고 마지막도 아닐 겁니다. 역사를 보면 정의를 목말라하는 인간에게 이를 해소하는 방법으로 소위 '의로운' 전쟁이 언제나 제시되어 왔기 때문이지요.

제가 살던 시대에는 이슬람교도들과 싸우는 십자군 출정을 의로운 전쟁으로 여긴 나머지 교회마저 그것을 추진했지요.

여러분 시대에는 전제주의적 체제라든가 가난한이들을 억압하는 독재정권에 대항하는 전쟁을 의로운 전쟁으로, 아니 그런 게릴라전을 더없이 의로운 투쟁으로 보겠지요.

옛 시대에 십자군을 지지하던 이들이 혹시 옳았을는지도 모르지요. 레판토 해전의 경우만 생각하더라도 그렇지요. 오늘의 게릴라들이 옳을 수도 있겠지요.

시비를 가릴 생각은 없어요. 무엇보다도 판단할 생각은 더욱 없구요.

다만 드리고자 하는 말씀은 싸우고 이기는 데에는 또 하나의 다른 방법도 있다는 것, 즉 비폭력의 길도 있다는 거지요. 복음에 비추어 보면 이 방법이 틀림없이 우위를 차지하고 있고, 프란치스꼬 저는 그 길이 비록 더 어렵더라도 더 효과적이라고 믿어요.

그리스도인에게는 불의에 맞서는 투쟁이, 특히 무고하고 가난한 사람들에 대한 압제의 경우, 기본이지요. 그런 만큼 입을 다물지도 말아야 하고 뒤로 물러서거나 무관심해서도 안 되지요.

이것을 알아들었으면, 정말 깨달았으면, 자기 자신을 내놓고 정의를 위해 죽어야 하는 겁니다.

예수님은 그렇게 하셨어요.

그렇다고 상대방이 양보하게 하려면 반드시 칼을 부

리고 기관총을 쏘고 전차를 굴려야만 한다는 법은 없어요.

복음이 제시하는 가장 좋은 길은 나의 무방비한 사랑으로, 맨손으로, 상대방을 항복시킬 수 있다는 가르침이지요. 간디가 그렇게 했고 루터 킹이 그렇게 했고 비폭력을 믿는 모든 이가 그렇게 했어요. 여러분 시대의 로메로 주교처럼.

아무런 무장도 안 한 이분들이 얼마나 숭고한 모범을 보였나요. 자기 백성을 마구 죽이는 권력자들에게 이분들이 못다 한 말이 있었던가요?

어느 백성에게든 그런 분들 몇 사람만이라도 주어진다면. 그런 힘이 있는 영웅 몇몇이라도 교회에 주어진다면. 그러면 이해하실 겁니다. 예수님이 비폭력을 제시하셨을 때 그것은 전투에 지자고 하신 게 아니라 이기자고, 인간답게 이기는 유일한 방법으로 이기자고, 하셨다는 것을. 남의 피를 흘리지 않고 자기 자신의 피를 흘리면서.

이것이 곧 '순교'의 원리입니다. 이 원리가 교회에 없었던 적은 없었지요. 그것은 인간이 이 지상에서 할 수 있는 가장 숭고한 증언입니다.

그 너머로 더 멀리는 갈 수 없지요.

5

명랑한 일행

저는 혼자서 살 생각은 한 번도 한 적이 없어요. 제가 처음 회심을 하고 사람 사는 동네에서 도망쳐 나와 자유로움을 느껴 보려고 그 초라한 은수자 차림을 하고 다니자, 그걸 본 어떤 분이 저에게 은수생활에 대한 설교를 하더군요. 그 설교를 듣고는 길을 잘못 들었구나 했어요.

저는 본래 됨됨이가 동지가 있어야 하는 사람이에요. 공동체가 있어야 하는 체질이거든요.

누가 가까이 지나가기만 하면 혹 길동무가 안 될까 하고 유심히 보았어요. 특히 젊고 가난하고 기도할 줄 아는 사람이면 더 그랬지요.

저는 하느님께 마음을 돌린 당초부터 많은 이들이 저를 따라오리라는 생각이 들었어요.

제가 찾아낸 길이 너무나 아름다웠고 예수님의 복음이 제게 안겨 준 기쁨이 너무나 컸으니까요.

그 당시의 종교생활은 정말 한심했어요. 본당들은 도무지 생기가 없어서 삶의 터전이라기보다 그저 예식을 거행하는 장소였지요.

강론을 듣노라면 신부님들은 영벌永罰 이야기를 늘어놓으며 교우들에게 겁이나 주고 있는가 하면, 한편 복음은 케케묵고 성직자 냄새나는 관습에 파묻혀 있었어요. 평신도인 부부들, 노동자들, 농민들은 설 자리가 없었고 수도자들만 알아주었어요.

무엇보다도 기쁨이 없었어요. 그래서 그리스도인의 삶이 곧 슬픔이나 다름없었는데, 특히 자신의 여성다움을 온갖 두려움으로 덮어 눌러야 하는 여인들의 경우는 더 그랬지요. 그랬기 때문에 그 반동으로 카니발만 되면 온 세상이 온통 난리를 치곤 했는데 그렇게 과격하게 터져나오는 건 억압적인 문화와 미숙한 신앙 탓이었겠지요.

그래도 백성은 어찌나 마음씨가 착하고 하느님을 목말라하던지.

그러니 젊은이를 종교생활로 끌어들이는 건 거저먹기였어요.

제가 복음을 따라 살기 시작하면서부터 복음이 바로 자유요 해방이라고 외치고 다니자마자 동지들이 바다에 물밀듯이 몰려들더군요.

퀸타발레의 베르나르도, 삐에트로 갓타니, 에지디오, 필립포, 맛세오, 레오네, 루피노, 빠치피코, 실베스트로!

아, 그 많은 추억들!

신앙의 동지들 생각만 해도 마음이 흐뭇해지네요.

동지들은 저를 사뭇 놀라게 하고 흐뭇하게 했어요.

우선 가난하고 무식하기 짝이 없는 프란치스꼬 저를 동지들이 믿어 주어서 놀랐고, 그 순진하고 열성적인 모습이 제 마음을 흐뭇하게 했지요.

좀 어떻게 된 사람들 같았어요. 함께 모이면 애들처럼 풀밭에서 뛰놀기도 하고 복음의 기쁨에 취해 노래도 부르곤 했거든요.

그렇게 함께 지내는 데에서 우리 자신이 교회라는 행복감에 젖고 힘이 솟았어요.

우리는 마치 감옥에서 풀려나온 듯했어요. 과거의 집념과 근거 없는 온갖 두려움의 감옥에서 풀려나, 우리는 처음부터 우리 편에서 아무것도 보태지 않고 예수님의 복음이 가리키는 대로 살기로 정했어요.

그래서 어떤 선택을 해야 할 때마다 잠시 기도를 한다음 복음서를 아무 데나 펼쳐 보고 아무런 가감 없이 거기 적힌 대로 행했어요.

이런 행동 방식은 우리에게 무제한의 자유를 주었고 마음의 단순함을 착실하게 길러 주었어요.

우리가 공동체로서 살아 나가는 데 드러난 중요한 요소는 이러저러한 구조보다 신앙이 최우선이라는 점이었어요.

우리는 하느님을 찾아 나선 공동체이지 사제직을 지향하는 신학교는 아니라는 걸 느꼈어요.

우리를 하나로 묶어 주는 것은 그리스도였고 그를 닮아 간다는 데 저마다 살아 나가는 양식의 의의가 있었어요.

우리들 간에는 순박한 그리스도인으로서의 삶이 있는 대로 다 반영되어 있었어요. 농사꾼이 있는가 하면 지성인도 있고 일꾼이 있는가 하면 퀸타발레의 베르나르도처럼 입회하기 위해 많은 재산을 포기해야 한 사람도 있었지요.

그런가 하면 실베스트로나 레오네 같은 사제들도 있었는데 그렇다고 사제가 아닌 사람은 공동체 안에서 차별대우를 받는 느낌은 없었어요.

우리 중 대다수는 도리어 그냥 '수도자'로 머물기를 원했고, 사제라는 품위는 오히려 겸덕과 숨은 삶과 아무것도 아니기를 바라는 마음을 위협하는 것으로 여겨 꺼리는 편이었다고 해야 옳겠지요.

우리는 가난한이들과 미천한이들 축에 들기를 진정으로 원했던 겁니다.

리보 또르또 강 쪽으로 가다 보면 서 있는 두 채의 헛간을 발견한 우리는 거기서 살게 되었는데 그것은 당나귀들이 피신하는 데 쓰이는 건물이었지요.

그러나 그것도 잠시뿐.

얼마 안 되어 한 농부가 당나귀 한 마리를 몰고 왔지 뭡니까.

우리를 못마땅해하면서 집을 비우라고 하더군요. 짐승 둘 데를 차지해 버리고 방해하면 되느냐는 거였어요.

그래서 우리는 천사들의 성 마리아 숲이라는 데로 갔지요. 그 숲 한가운데에는 뽀르찌웅꼴라라는 아주 소박하고 외진 작은 경당이 있었어요.

거기에다 우리가 깃들 만한 오막살이를 짓기는 수월했어요.

우리는 그렇게 종달새같이 살았어요.

우리의 진정한 기도는 기쁨이었고 우리의 진정한 규칙은 복음과 아울러 우리를 이끌어 주시는 하느님의 보장이었어요.

그 무렵을 생각할 때마다 마음이 뿌듯해지고 늘 그런 식으로 살았으면 하는 게 소원이지요. 그렇게 사는 것이 우리의 온갖 구습을 털어 버리고 복음의 이상향에 푹 젖어드는 길이었으니까요. 그것은 자유와 소박한 삶

과 사랑을 활짝 꽃피우는 길이자 온갖 문제로부터 해방
되는 길이었으니까요.

그러나 나중에는 유감스럽게도 늘 그렇게 살지를 못
했어요. 우리 역시 면치 못한 복잡다단한 문제들. 책
들, 집들 … 집들 … 지어도 지어도 끝이 없고 복음을
무겁게 내리누르는 집들 ….

제가 공연히 괴로워한 게 아니었어요. 집 짓는 걸 보
면서 공연히 걱정을 한 게 아니었어요.

한번은 가난하게 살겠다는 우리에게는 너무 커 보이
고 사치스러워 보이는 한 자그마한 수도원 건물의 지붕
을 제가 나서서 벗겨 낸 적도 있었어요.

그런 일이 제게는 언제나 하나의 비극, 가슴에 꽂히
는 하나의 가시였지요.

집 짓는 일은 참된 가난의 투명성을 흐려버릴뿐더러,
본의 아니게, 가난한 예수님을 따르기로 했던 결의에서
우리를 떼어 놓았으니까요. 마치 잡풀이 여린 줄기의
숨을 막는 것처럼 눈에 보이는 부가 하느님의 현존을
알아차리지 못하게 가리는 것 같았지요.

우리 대부분을 움직이던 상식 그 자체가 하늘나라를
차지하려는 자유를 항상 위협하는 것이었어요.

오직 순수한 사랑만이 우리가 해야 할 바를 제대로
알아차릴 힘을 주었어요. 우리 중에서도 가장 정신 나
간 듯한 사람들이 제일 올바로 보더군요.

우리는 모두 두 갈래 지향을 품고 있었는데 특히 전체의 책임을 진 저로서는 균형 잡기가 무척 어려웠어요.

첫째 지향은 묵언과 고독과 기도에 오래 잠기는 일이었어요.

우리는 외진 곳, 성 다미아노나 성 베드로 또는 천사들의 성 마리아 같은 버려진 성당들이 마음에 들었어요.

하느님과 함께 '머무는 것'을 거의 몸으로 느낄 수 있는 침묵과 평화 가득한 은수처에서 어떻게 벗어날 수 있겠어요.

우리는 많이 기도했어요.

둘째 지향은 가난한이들에게 주님의 말씀을 전하는 일, 선교 행각, 사람들에게 속죄와 회개를 촉구하라는 복음의 요청이었어요.

어쩌면 좋을까.

어느 것을 택해야 할까.

우리끼리 토론도 많이 했어요.

그러다가 어떤 일이 일어났어요.

기억이 생생합니다. 1208년 2월 24일, 마티아 성인 축일이었어요.

미사중에 그날 복음을 듣다가 예수님이 사도들을 세상에 내보내시면서 하신 말씀에 감동했어요.

"이제 나는 너희를 종이라고 부르지 않고 벗이라고 부르겠다. 종은 주인이 하는 일을 모른다. 그러나 나는 너희에게 내 아버지에게서 들은 것을 모두 다 알려 주었다. 너희가 나를 택한 것이 아니라 내가 너희를 택하여 내세운 것이다. 그러니 너희는 세상에 나가 언제까지나 썩지 않을 열매를 맺어라. 그러면 아버지께서는 너희가 내 이름으로 구하는 것을 다 들어주실 것이다."

그 순간부터 눈이 환히 뜨여, 더 이상 헷갈리는 일이 없도록 은수자 차림을 벗어 버리고 그 대신 수도복에 밧줄로 띠를 띠고 맨발로 다니면서 복음 말씀대로 참회를 선포하기 시작했지요.

"너희는 가서 모든 사람에게 이 복음을 선포하여라."

봄철도 다가와 더는 가만히 있을 수가 없었지요.

우리 주 예수님이 얼마나 좋으신지를 사람들에게 알리고 구원의 기쁜 소식을 가난한이들에게 전하고 싶은 나머지 더는 가만히 있을 수가 없더라구요.

우리는 그렇게 복음 따라 둘씩 둘씩 짝을 지어 큰 모험길에 올랐어요.

에지디오와 저 프란치스꼬는 마르케 지방으로, 퀸타발레의 베르나르도와 뻬에트로 갓타니는 반대 방향으로 각각 떠났어요.

헤어지면서 뽀르찌웅꼴라에서 다시 만나기로 한 것은 물론 말할 것도 없지요. 우리는 매우 사랑하는 사이여서 서로서로를 그리고 우리가 행복을 찾아 누린 정든 곳을 보지 못한 채 오래 견딜 수는 없었거든요.

✻

나그넷길은 정말 놀라웠어요.

마치 우리 둘레의 들판에 꽃이 가득 피듯이 교회도 그렇게 꽃피는 것 같았어요.

저는 예수님의 그 놀라운 말씀을 몸과 마음으로 느꼈어요.

"너희는 무엇을 먹고 마시며 살아갈까, 또 몸에는 무엇을 걸칠까 하고 걱정하지 말아라. 목숨이 음식보다 소중하지 않으냐? 또 몸이 옷보다 소중하지 않으냐? 공중의 새들을 보아라. 그것들은 씨를 뿌리거나 거두거나 곳간에 모아들이지 않아도 하늘에 계신 너희의 아버지께서 먹여 주신다. 너희는 새보다 훨씬 귀하지 않으냐?"

우리가 지내보니 예수님 말씀이 참말인 것을 알겠더군요.

아닌 게 아니라 우리가 가는 길마다 예수님 말씀대로 일이 풀려 나갔어요.

가다가 사람들을 만나면 사랑과 기쁨과 평화가 가득한 마음으로 걸음을 멈추고 무슨 도움이 필요하냐고 묻곤 하였지요. 밭일도 하고 가난한이들과 빵도 나누면서 하느님 나라를 선포하고는 희망과 신뢰심을 심어 주려 애쓰고.

사람들은 우리 일행을 좋아했어요. 그리고 우리는 아쉬운 것이 정말 아무것도 없었어요. 우리는 사람들을 그토록 괴롭히고 근심 걱정에 빠뜨리는 문제를 해결한 거였어요. '내일'이라는 문제가 바로 그거지요.

"그날의 걱정은 그날로서 족하다."

무언가를 긁어모은다든가 따로 쟁여 둔다든가 잔뜩 쌓아 둔다든가 하는 짓은 하느님께 대한 욕이 될 것 같았어요. 우리의 손을 잡고 이끌어 주시는 하느님, 우리의 문제를 당신이 풀어 주고 우리의 아쉬움을 당신이 메워 주기로 약속하신 하느님이신데. "아버지께서 친히 너희들을 먹이시리라."

우리를 저녁상에 초대해 주고 짚더미 위에 잠자리를 마련해 주는 농부를 만난다는 것은 우리에게 그지없는 행복감을 안겨 주는 거였어요. 그것은 사랑으로 형제와 마음이 통하고 매순간 하느님의 도우심을 느끼는 사람이 누리는 행복이었어요.

그것은 두려움을 이기는 승리였어요. 사랑의 하느님께 대한 믿음을 거스르는 가장 큰 죄가 바로 두려움이 아니겠어요.

우리의 설교는 단순하고 단순하고 또 단순했어요. 몇 마디 안 됐어요.

"회개하고 복음을 믿고 참회하세요. 하느님 나라가 다가왔어요."

사람들은 우리에게 귀를 기울였고 떠나보내려고 하지 않았어요.

우리 일행은 앙꼬나 지역을 전부 돌아다녔는데 여름이 차츰 다가오자 뽀르찌웅꼴라의 부름과 서로 다시 만나기로 한 기약을 저버릴 수 없었지요.

그 부름에 응하지 않은 사람은 아무도 없었고, 오히려 우리의 작은 모임에 세 사람이 더 보태졌는데 필립포 롱고도 그 중의 하나였어요.

우리는 모두 여덟 명이었는데 지난 봄에 천사들의 성 마리아 성당 둘레에 지어 놓은 오두막이 비를 견디어냈기에 거기 머물기로 했어요.

정든 그곳에서 여름을 나면서 아씨시 사람들이 이제는 우리를 보아도 질겁하지 않을뿐더러 진지하게 대하기 시작하고 오히려 돕기도 하는 모습을 가끔 보게 됐지요.

이런 사정은 싫지 않았어요. 이제는 그러려니 하고 마음을 편하게 갖기로 한 어머니를 여러 번 만났고 어머니도 자주 먹을 것을 보내오기에 아씨시의 많고 많은 가난한이들에게 나누어 주곤 했지요.

가을이 되자 우리는 다시 떠나기로 했어요. 이제까지의 순방 경험을 더욱 다지고 싶었던 겁니다. 이번에는 리에띠 고을로 향해 가다가 뽓지오 부스또네에서 멈추었어요.

그곳에는 두 가지 기억이 있지요.

첫째, 하느님께서 저의 못된 과거를 좋아하실 리가 없어 저를 용서하지 않으셨을 거라는 생각에 오래 전부터 얽매여 있었어요.

그러던 어느 날 밤, 한참 기도하며 울고 있는데 어떤 한량없는 감미로움이 저를 온통 감싸면서 하느님께서 저를 용서하셨고 사랑하신다는 확신이 싹텄어요.

어찌나 행복하던지 잠든 동료들을 깨워 제 이야기를 다 털어놓고 무엇보다도 용서받은 고마움과 흐뭇함을 그들에게 전해 주었어요.

그러자 그때부터 제 안에 예언의 능력마저 있는 듯한 생각이 들었어요. 그래요, 저는 예언했어요. 많은 이들이 우리 동아리에 가입하리라고. 그리고 우리는 언제나 모든 사람을 용서해야 할 것이라고 예언했어요. 하느님께서 우리를 용서해 주셨으니까.

평온과 흐뭇함을 맛본 그날 솟아난 열정으로 우리는 넷으로 패를 갈라 이 세상 동서남북으로 둘씩 짝지어 떠났어요.

누가 우리를 말릴 수 있었겠어요.

✳

우리는 다시 1209년 초에 천사들의 성 마리아 성당 근처에 있는 엉성한 오두막에 모두 모였고 거기서 네 명 더 불어난 동지들을 반가이 맞아들였어요.

이제 우리는 열두 명이었어요. 겁나는 노릇이었지요. 그 많은 형제들을 제가 어떻게 이끌어 나가란 말인지.

한편으론 반가웠지만 다른 한편으로는 걱정이 되더 군요.

우리는 뽀르찌웅꼴라에 정착했어요. 그 푸근한 숲 속 그 멋진 성당 둘레에. 그 성당은 들어서기만 해도 기도 와 눈물의 은사를 받을 수 있는 곳이었어요.

뽀르찌웅꼴라는 수바시오에 있는 베네딕도 회원들의 소유로서 우리 시대 사람들 말로는 예전에 성지에 다녀 오는 순례자들이 지은 곳이라고 했어요.

성당은 마리아님께 봉헌되어 있었어요.

눈을 감고 저 자신의 앞날과 또 저를 중심으로 형성 되어 가는 형제들의 수도회의 앞날을 생각하면, 바로 이 성당을 앞으로 우리가 하느님께 기도하기 위해 찾아 내어 거기 깃들일 모든 성당의 모母성당으로 여기게 되 리라는 느낌이 들었어요.

그래요. 십자가에 달리신 그리스도 사랑의 신비를 깨 달은 것이 성 다미아노 성당이었다면 천사들의 성 마리 아 성당은 동정 마리아를 향한 깊은 애정과 그 어머니 다운 전구에 대한 조건 없는 신뢰를 제 마음 안에 차츰 차츰 심어 준 곳이었어요.

하늘나라를 알아들으려면 어떻게 살아야 할지를 모색하던 미약한 저로서는 그때 이미 느끼고 있었어요. 그곳 성당에 기도하러 들어가기만 하면 용서를 받으리라는 것을.

과연 그렇다는 것을, 훗날 더없이 좋으신 주님께서 확인해 주셨지요.

그처럼 가난하고 미약한 바탕 위에 이렇듯 거창한 집을 지어 놓으시다니.

그건 그렇고, 그 아름답던 숲은 왜들 없애 버렸죠?

얼마나 즐겨 찾아오던 숲인데.

이젠 도대체 무얼 제대로 이해하기가 갈수록 어려워졌네요.

6

글라라, 나의 누이

동지들은 모여들었고 다른 많은 동지들도 오기로 되어
있었는데 … 여성들은 어떠했나요?

남자들에게만 맞는 이상이 따로 있던가요?

분명한 것이 한 가지 있었어요. 거칠고 우악스런 우
리가 차츰 발견하면서 살아 나가던 이상들을 남자인 우
리보다는 여자들이 훨씬 더 잘 살아낼 줄 안다는 사실
이 그거지요.

우리는 각자 과거의 기억이 있었어요. 집안 누이들,
소꿉동무들, 젊은 시절의 풋사랑 등.

이 아름다운 움브리아 땅의 아들들인 우리 안에 심어
진 여인상은 온화함, 선량함, 섬세함 자체였어요.

기사도의 이상적 내용에서 벗어난 사람은 누가 있었던가? 오월 축제에 꽃으로 덮인 아씨시의 들판을 노래하지 않은 사람은 또 누가 있었던가?

프란치스꼬 저도 여인에 관한 추억이 더러 있지요. 모두 아름답고 사랑스런 추억이었어요. 그러나 가장 마음에 되살아나는 추억은 글라라예요.

글라라는 오프레둣치라는 귀족 가문의 부인 오르똘라나의 딸이었어요.

글라라는 아녜스와 베아트리체라는 두 자매와 함께 산 루피노 광장에 있는 집에서 살았는데 그것은 저택이라기보다 하나의 성이었지요.

글라라를 자주 보지는 못했지만 그래도 제 시야에 하나의 황홀한 꿈처럼 다가왔다 멀어졌다 할 만큼은 본 셈이었어요.

길게 드리운 그녀의 금발 머리와 의지가 강해 보이는 눈이 인상적이었어요.

또 그녀도 저를 안다고 생각했어요. 아씨시에서는 모두들 서로 알고 지냈는데, 마음에 드는 여자들이 적지 않았지만 제가 주 예수님께 삶을 돌리고 복음을 마음에 새기기 시작하자 그녀가 저를 줄곧 생각하고 제게서 어떤 도움을 바라고 있다는 사실을 알아챘어요.

그녀는 본래 착했고 저처럼 불안한 과거를 지닌 일이 없었는데도 저를 이해하고 저를 찾는 거였어요.

그 시대로 보아 젊은 남녀 한 쌍이 차분하고 떳떳하게 만난다는 게 쉬운 일은 아니었지만 아무도 우리 둘의 만남을 막을 수는 없었지요.

그래서 만남은 이루어지고 ….

우리는 성 다미아노 성당 쪽 나리꽃밭에서 만났는데 글라라가 하는 말에 저는 그만 깜짝 놀랐어요.

"프란치스꼬, 나는 프란치스꼬가 하느님을 찾고 있다는 걸 알아요. 그래서 날 좀 도와주었으면 싶은데" 하는 거였어요.

저는 이렇게 대답했어요.

"글라라, 지존하신 주님께서 당신을 따르라고 나를 부르셨어. 그래서 나는 더없는 평화를 누리고 있어요. 그런데 글라라에게 비밀을 하나 일러 주어야겠어요. 나는 가난 부인하고 결혼했고 언제나 그녀에게 충실하기를 원하거든."

"짐작은 했어요, 프란치스꼬. 아무도 가난 부인보다 프란치스꼬를 더 행복하게 해 줄 수는 없고, 그래서 나는 기뻐요.

내가 청하는 건 그저 나를 도와 달라는 것뿐이에요. 아씨시에서는 프란치스꼬랑 동지들이 천사들의 성 마리아 성당 부근에서 어떻게들 살아가고 있는지에 대해 많이들 이야기하고 있어요.

나도 똑같은 삶을 살고 똑같은 기도를 하고 무엇보다

도 똑같은 가난을 살고 싶어서.

그러니 어떻게 하면 되죠, 프란치스꼬?

그대 규칙이 바로 내 규칙이었으면 좋겠는데.

그러구 … 나를 따라나설 동무들이 얼마나 많은데. 그들도 나처럼 하느님을 목말라하고 있거든요.

부자면 뭘 해. 우리의 나날은 너무나 허무한걸. 말만 늘어놓고 지루하기만 해서 숨 막혀요.

이젠 삶을 통해 복음을 외쳐야 할 때가 왔어요.

생각 좀 해 주어요, 프란치스꼬. 그리고 우리를 저버리지 말아 줘요."

저는 주님께 여쭈었어요. 우리 가운데 모든 것을 버리고 복음적인 가난과 예수님의 사랑을 살기 바라는 여자들도 원하시는지를.

*

글라라는 어머니에게서는 든든한 신심을 아버지에게서는 강인한 성품을 물려받은지라 여간해서는 굽히지를 않더군요.

평소에 가난한이들을 위해 마음을 썼고 경박하지도 않아서 절대자 하느님을 섬기기에 적합한 그녀였지요.

그녀와 이야기를 나누는 동안 제 마음 저 깊이에서 일종의 도움을 받는 느낌이었어요.

나머지는 하느님께서 해 주셔서 일은 순조롭게 풀렸어요. 글라라의 집안인 오프레둣치 가문과 친척 사이였고 저와 함께 있던 루피노가 뒤에서 밀어주어서 도움이 됐지요.

글라라의 절친한 동무 보나 디 궬풋치오가 늘 동반해 주어 글라라는 뽀르찌웅꼴라의 작은 성당에 다니기 시작했고 우리는 거기서 만나곤 했어요.

우리가 함께 나눈 이야기는 언제나 저와 그녀 안에서 무르익어 가는 공통 이념에 관한 것이었어요.

그러면서 글라라가 얼마나 당찬 데가 있는지를 곧 알게 되었지요.

그런 건 한 번도 본 적이 없었어요. 어느 지경에 가서는 가난에 있어 그녀가 저보다도 더 철저하다는 걸 알았어요. 제가 회개한 이래 처음으로 무언가 든든하고 참되고 안전한 데 의지하고 있다는 느낌이 들었어요.

그녀의 봉헌을 위한 준비는 간단했어요.

글라라는 세속을 버리고 복음을 글자 그대로 살기로 작정을 하고 있었어요. 같은 이념에 사로잡혀 서로 나눈 이야기대로였지요.

그래서 저는 "그럽시다!" 했어요.

가난이 그대에게도 주어지거라, 기사 가문의 딸인 그대의 몫이 되거라.

그러나 문제는 컸어요.

잘 알려지고 존경받는 어떤 수녀원이나 전통 있고 인정받는 어떤 수도회에 들어가는 게 아니었으니까요.

글라라는 혼자서 길을 트면서, 프란치스꼬 저처럼 밑천이라곤 무경험밖에 없는 가난한 자의 말을 바탕삼아, 하나의 수도생활을 시작해야 했다는 겁니다.

그건 쉬운 노릇이 아니었어요.

성지주일 저녁을 기하여 그 큰 걸음을 내딛기로 정했지요.

글라라에게는 축제 옷차림을 하고 대성당 미사에 가서 귀도 주교님의 손에서 종려나무 가지를 받아 오라고 일렀어요.

그러고는 …

그러고는 날이 저물어 밤이 됐지요. 저 1211년 성지주일 밤이.

아씨시는 달빛 아래 잠이 들었는데, 오프레둣치 가에서는 누군가가 잠을 안 자고 광장 쪽으로 난 유일한 뒷문 앞에서 서성대고 있었어요. 그것은 죽은 이들을 내오는 쪽문이었는데 중세에는 집집마다 죽은 이의 널을 들어내는 그런 작은 문이 나 있었지요.

글라라는 조심조심 빗장을 풀고 한길로 빠져 나왔어요.

밖에서는 그의 아주 용감한 동무 빠치피카 디 궬풋치오가 기다리고 있었지요.

그들은 들녘을 향해 소리 없이 뛰었고, 프란치스꼬
저와 동료들은 뽀르찌웅꼴라에서 등잔불을 있는 대로
다 켜 놓고 탈주자들을 기다리고 있었어요.

루피노 수사와 실베스트로 수사가 마중 나가 있었
어요.

탈주자들이 보이자 우리는 횃불을 들고 모두 마중 나
갔어요.

한밤중의 그 행렬은 정말 멋졌고, 우리의 가난한 삶
에 있어 더없이 기쁜 희망의 상징이었어요.

우리는 아직도 한 규수를 하느님께 축성하는 그런 예
절의 어떤 뚜렷한 격식도 없었어요.

그렇지만 커다란 가위는 하나 있었는데, 그것은 주님
을 향해 길을 나서면서 우리 뒤의 모든 것은 잘라 버리
겠다는 우리 의지의 표현이자 뚜렷한 상징이었지요.

천사들의 성 마리아 성당에 들어온 글라라가 제 앞에
서 금발 머리를 숙이던 그 모습이 아직도 눈에 선해요.

달아오른 숯불같이 빛나는 동지들의 눈은 우리를 에
워 지켜보고.

그녀의 그 아름다운 머리털을 자른다는 건 쉬운 일이
아니었어요. 그보다는 거친 자루옷을 입히고 밧줄 띠를
띠우고 나막신을 신기는 일이 오히려 수월했지요.

이처럼 여자가 받아들인 가난의 이상은 남자들에게
힘을 몇 곱으로 더해 주고 가난의 의미가 보편적인 아

름다움을 띠게 해 주는 거였어요.

✳

이튿날 아침 글라라의 방이 비어 있는 게 발각되자 온통 난리가 난 이야기도 해야겠네요. 그녀의 사나운 오라비들은 말을 타고 바스티아로 달려가 글라라의 임시 은신처로 택한 성 바오로 수도원 성당에 침입해 자기네 누이를 강제로 끌어가려고 했지요.

우리 형제들이 듣기로는 글라라가 제대를 꼭 껴안고 윽박지르는 오라비들 앞에서 느닷없이 머릿수건을 벗어 던지더니 들이닥친 그들에게 삭발한 맨머리를 내보여 주더라는 겁니다.

오라비들은 말문이 막혀 물러서면서 그런 여자 아이는 어쩔 도리가 없음을 알아보더랍니다.

훗날, 성 다미아노 성당에서도 아씨시와 그 일대에 무장을 하고 떼 지어 쳐들어 온 사라센[2] 사람들마저 그녀 앞에서는 물러가더랍니다.

어느 날 밤, 부랑배 패거리가 수녀원에 들이닥쳤는데 성광聖光[3]을 손에 쥐고 자기가 맡고 있는 동료 자매들을

---

[2] 십자군 시대의 아라비아인. 유럽을 자주 공격했음 — 역주.

[3] 천주교에서 성체를 현시하기 위해 쓰는 성구 — 역주.

지키기 위해 방패처럼 버티고 있는 그녀와 부딪쳤다는 겁니다.

그 수녀들을 손아귀에 넣으려면 먼저 그녀의 몸을 딛고 넘어가야 했던 거죠.

그게 바로 아씨시의 글라라였어요.

✻

참 이상도 하지요. 글라라처럼 가타리나처럼 데레사처럼 쟁쟁한 여인들이 교회 안에 엄연히 있음에도 불구하고 여러분은 어쩌면 아직도 그렇게 반여성적일 수 있나요!

이건 제가 가끔 스스로 묻게 되는 일이지요.

그래요. 저 프란치스꼬가 말하지 않을 수 없네요. 여러분은 여전히 반여성주의자라고요.

그게 무슨 소린데.

여러분이 여자를 두려워하는 건 여자가 여러분의 덕행에 위험한 존재로 느껴지거나, 아니면 드러내놓고 그렇게 말은 하지 않지만, 여자를 하나의 열등한 존재로 여겨 신성한 것을 다루어서는 안 될 그런 부류로 보기 때문이 아닌가요?

우리에게 따지고 드는 건가.

때론 여자들이 제단에 올라가 회중에게 성서를 정성

스레 봉독하는 것마저 금하면서요. 남자라면 아무나 그
저 남자라고 여자에 앞세우면서.

지나친 말 아닌가.

아니면 여전히 옛 관습에 얽매여 있는 게 아닌가요?
여자는 아무 가치도 없어 남자의 지배 아래에서 이슬람
교도 여자들처럼 그저 뒷전에서나 살도록 하던 그런 관
습 말이에요.

음, 생각나네요. 호메이니를 보세요, 무슨 짓을 하는
가. 잘 보면 종교적 반여성주의가 얼마나 위험하고 또
복음은 얼마나 다른가 알 수 있죠.

한 가지 저로서도 이해하고 글라라 앞에서 느낀 바가
있어요. 사제직과 관련하여 여자가 남자에게 순종하는
가운데 담긴 하나의 신비가 그것이에요. 제가 그 신비
를 느낀 것은 창세기에 하느님이 여자를 남자에게서 꺼
냄으로써 창조하셨다는 것을 보았을 때지요.

그 신비를 또 느낀 것은 다락방에 당신 어머님도 함
께 계신 가운데 예수님께서 성찬 감사제를 세우신 것을
보면서였지요.

그것을 또 느낀 것은 교회의 신비 안에서이지요. 교
회는 그리스도의 정배正配이고 따라서 영원한 사제이신
그리스도께 의존하니까요.

하지만 이 모든 것도 여자에 대한 여러분의 태도를
정당화하지는 못해요.

여러분은 마치 예언도 모르고 선포해야 할 진리도 지니지 못한 것 같아요. 무엇보다도 구태의연하게 과거에 머물고 있는 것 같아요.

✳

과거는 과거이고 다시는 되돌아오지 않거든요.

그리스도인이 되기는 했으나 아직은 할례에 머물고 있는 남자들의 그 뻣뻣한 목덜미에도 복음이 스며들기 시작하는 데 이천 년이라는 세월이 걸리기는 했지만, 무언가 진보는 하고 있어요.

공의회는 현대 세계를 변혁시키는 둘도 없는 이정표였고, 교회를 가장 무겁게 짓누르고 있던 온갖 것을 쓸어버렸어요.

그렇게 할 수 있었던 것은 많고 많은 고난 끝에 복음이 그 골수에 사무쳤기 때문이지요.

구약성서와 신약성서를 유심히 읽어 보면 그 차이를 느끼실 겁니다.

모세의 폭력, 이는 곧 구약인데, 그것은 신약을 맺으신 예수님의 비폭력과는 전혀 상관이 없어요.

신앙과 문화 그리고 신앙과 정치가 하나를 이루던 고대의 신국神國정치는, 우리도 그걸 중세에 행한 바 있지만, 특히 근년 들어 복음에 의해 결정적으로 초극超克되었지요.

옛사람들의 율법주의는 이제 사람의 마음을 사는 사랑이 압도해 버렸어요.

신분계급에 따른 말없는 인종차별은 이제 하늘나라 건설로 선포되고 실현된 평등관에 의해 타파되었고.

오늘날에는 여자도 남자와 마찬가지로 예수님의 말씀에 귀기울여야 하지요. "너희는 가서 이 세상 모든 민족을 내 제자로 삼아라." 남자라고 이렇게 듣고 여자라고 저렇게 들어서는 안 되겠지요. 남자가 어른스런 직책들을 맡는다고 해서 여자는 탁아소나 꾸려 나가고 남자들을 위해 신학교 주방이나 맡아서야 되겠나요.

그러니 모두 함께 다시 생각해 봐야 할 일이지요.

오늘의 여성들에게 저는 어서 "가라"고 얼마나 말하고 싶은지! 이 권유는 저의 온 정신과 더불어 복음을 목말라하는 이 세상의 엄청난 아쉬움에 대한 저의 깊은 우려가 담긴 말이에요.

여러분 자신의 가정을 가타리나 성녀가 했듯이, 하나의 이상적인 수도원으로 변화시켜 거기에 기도와 슬기와 평화가 깃들도록 하시라고, 여러분이 받은 사랑하고 위로하고 섬기라는 부르심의 힘으로 여러분의 일을 비추도록 하시라고.

남자들 흉내는 내지 마세요. 창의적으로 참되이 살면서 바로 자신의 여성다움에서 여러분을 분명히 다르고 특별한 존재로 만드는 뿌리를 찾으세요. 하느님이 원하고 창조하신 그 뿌리를.

남자들에게 다가가 어떻게든 그들을 닮으려고 시간 낭비 마세요. 도리어, 여러분의 것도 아니고 이미 많이 망가지고 흐려진 그 모형에서 되도록 멀리 물러서세요.

제 생각으로는 이 세상에 여성 여러분을 위한 모범이 있다면 그것은 나자렛의 마리아이지요.

예수님께서 지상생활 삼십 년 동안 이런 것에 마음을 기울이시면서 여성의 모형을 지어내지 않으셨을 리 없어요.

마리아는 예수님과 그토록 가까이 지내셨는데.

아니, 바로 성부의 따님이고 말씀의 어머님이고 성령의 배필이신데.

이 특별한 여인 생각을 우리는 너무나 안 해 왔어요.

그녀 실존의 깊이를 다 깨닫지 못한 거지요. '이 땅의 여인', 우리 누이인 그녀의 자유와 주체성과 나날의 삶을 통한 자아실현의 그 깊이를.

기도 안에서 마리아의 신비를 얼마라도 길어내는 것은 여성 여러분의 몫이 아니겠어요?

이제까지는 지나치게 감상에만 젖거나 부질없이 개

선凱旋만을 칭송해 오지 않았나 해요.

특히 남자들 편에서 … 그것도 장가 안 든 남자들 편에서.

＊

끝으로 또 한 가지.

이젠 남자라는 이유만으로 남자들에게 그만 이끌려 다니세요. 혹시 그들이 성인이라면 지도를 받을 수도 있겠지만, 여자이면서 글라라처럼 여러분에게 쓸모 있고 강한 말을 해 줄 수 있는 이들의 도움을 받기를 소홀히 하지 마세요.

＊

이제 여러분을 좀 편하게 해 드리기 위해 아름다운 전설 하나를 이야기할까 해요.[4]

하루는 프란치스꼬와 글라라가 눈으로 하얗게 덮인 시골길을 함께 갔대요. 성 다미아노 성당 근처의 한 갈

---

[4] Maria Sticco, *S. Francesco d'Assisi*, p.146 ss., ed. O. R., Milano 1975. 여기 한마디 보태렵니다. 누구보다도 이 부드러운 저자 마리아 스틱코는 이 책을 통해 저로 하여금 프란치스꼬의 마음을 알게 해 주었어요.

림길에 이르자 스승이 먼저 말문을 열고 "우리가 헤어지는 게 좋겠어요" 하더래요.

이렇듯 그 자체가 용기인 포기의 말마디는 언제나 그에게서 나오는 거였지요.

글라라는 지체 없이 눈 위에 겸손히 무릎을 꿇고 그의 강복을 기다렸는데, 이러한 그녀의 자발적인 몸가짐은 오직 스승 앞에서만 나오는 것이었지요.

그러나 도로 일어나자, 그 하얀 한겨울의 쓸쓸함 가운데, 가슴이 떨리는 한 마리 참새처럼, 인간적인 아쉬움이 그녀의 입술을 열어 어린애 같은 물음을 묻게 하더래요.

"아버지, 우리 언제 다시 만나지요?"

"장미 필 무렵이 되면" 하고 프란치스꼬는 마음이 벅차올라 짤막하게 답했는데, 몇 발 안 가서 글라라의 맑은 목소리가 또 부르는 거였어요.

"아버지."

프란치스꼬는 돌아섰어요. 그랬더니 글라라 앞에 있던 떨기나무들이 온통 불타는 장미 밭으로 변해 눈 덮인 사방을 둘러보아도 오월을 맞은 듯 꽃송이가 한창 피어나고 있더래요.

✳

우리도 인생길을 걸으면서 그와 같이 꽃피는 때를 보도록 하느님께서 허락하셨으면 얼마나 좋겠어요.

그것은 하느님께서 우리 안에 이룩하신 기적의 표시일 겁니다. 그것은 우리가 정결의 행복을 살아낼 능력을 주시고, 진정 '우리 누이'가 된, 글라라와 같은 여성 모두와 평소 흐뭇하게 사귈 수 있게 하시는 기적일 겁니다.

7

기쁨이란 이런 것

햇볕 내리쬐는 수바시오 산에 오르노라면 빛이 제 몸으로 스며들고 기쁨도 함께 스며드는 것을 느끼곤 했어요.

그럴 때면 제가 도대체 어떻게 슬플 수 있었던가를 묻게 되더군요.

기쁨이 제 안에 가득 차 있어, 저를 압도한 거였어요.

하느님의 조물인 저 빛은 하느님이 계심을 알리면서 제 안으로 뚫고 들어오는데, 바로 하느님이 저를 찾고 제게 말을 건네시느라 쓰시는 그 똑같은 길로 빛이 들어오는 거지요.

저는 조물들을, 만물을 하느님의 사자使者로, 표징으

로 보는 데에 아무런 어려움을 못 느꼈어요.

그래서 동료들에게 조물들이 하느님을 가리키는 표징이라는 말을 하고 또 하게 됐어요.

아닌 게 아니라 저는 이렇게 기도하기 시작했어요.

찬미받으소서, 저의 주님,
당신의 모든 조물들과 함께 …
그 중에서도 저 태양 형님은
지고하신 님을 가리키는 표시이니.

그래요, 님을 가리켜요.

조물들은 하느님의 '표징'이에요.

하느님의 현존을 담고 있어요. 담고 있고 살고 있고 청정한 순결로 드러내 보이면서도 그 현존을 가로채는 일은 없어요.

이들 조물은 우리를 조금씩 조금씩 관상으로 이끌어 줄 힘이 있어요. 거기에는 우리의 조력도 있어야 하니까 그것을 '습득한 관상'이라고도 하는데 크나큰 기쁨의 원천이지요.

저는 해님을 바라보고 그에게 미소를 짓곤 했어요.

그러면서 말했어요. "너를 사랑해."

그런데 실은 해님에게 "너를 사랑해"라고 말한 게 아니라 그가 가리키고 있는 분, 또 해님이 그 상징인 분

곧 하느님에게 한 말이었어요.

조물들이 그런 존재라는 것은 참으로 엄청난 이야기여서 제 몸 안에 기쁨을 심어 주고 껑충껑충 뛰고 소리지르고 노래하고 싶은 충동을 일으키는 것이었어요.

그건 하느님 안에 푹 잠겨 있는 느낌이었어요. 마치 제가 만지고 보고 하는 모든 것에 잠겨 있듯이.

모든 것이 다 이렇듯 하나이므로 하느님을 부정한다는 것은 마치 조물들을 부정하고 빛을 부정하고 실재를 부정하는 것과 똑같았어요.

그건 불가능한 일이었어요. 비록 모든 것이 언제나 일체를 초월하는 당신 위격位格의 신비에 감싸여 있을지라도 그건 불가능했어요.

어렸을 때부터 제게 수수께끼였던 저 '신비'가 이제는 창조 중에서도 가장 흥미롭고 엄청난 것의 하나로 차츰 그 모습을 제게 드러내고 있었어요.

신비란 일체一切와 무無가 서로 만나는 내실內室의 그늘이었어요. 만나서, 무리 없이 자신을 드러내 보이고 넘치는 빛에 눈멀지 않게, 갈수록 깊이 서로 싸안고 서로 알게 되는 영역이었어요.

바람은 사물들의 유동성의 표징, 쉴 줄 모르는 탐구의 충동, 뜻밖에 찾아오는 애인의 목소리, 외로움에서 나를 건져 주는 그이의 체험, 언제라도 와 닿을 수 있는 애무의 손길, 성장을 위한 자율과 끝없는 외침.

성령강림 역시 문을 뒤흔드는 폭풍 같은 바람이 그 징후였어요.

저는 즐겨 말하곤 했지요.

찬미받으소서, 저의 주님, 바람 형님 때문에.

불에 대해선 또 무어라고 할까요?

불에서 나오는 말들은 한이 없었어요. 어두운 밤에, 눈부신 빛에 앞서는 순간이 어두운 믿음인 것처럼 어두운 밤에, 불을 바라보고 있노라면 거기서 무엇이든 알아볼 수 있었어요.

삶, 죽음, 시간, 공간, 무한, 땅, 하늘, 사랑, 거룩함, 아픔, 기쁨, 포옹, 모든 것. 모든 것이 불로 상징될 수 있었어요. "삶은 왜"라는 물음도. 왜냐하면 불이 상징하는 바는 한없이 자신을 내주는 일, 자신을 찬찬히 사르면서 풀려나는 열이니까요.

불과 더불어 기도하는 것이 제게는 정말 큰 기쁨이었어요.

찬미받으소서, 저의 주님, 불 형님 때문에.

그로써 밤을 밝히시니,

그는 아름답고 명랑하고 힘차고 굳세거늘.

✳

성 다미아노 성당에서 조물들의 노래를 짓는 데는 얼마 걸리지 않았어요.

다 된 것 같아 보였을 때 동료들을 불러 함께 노래했지요.

함께 기도하는 기쁨에 정말로 맛을 들이기 시작했어요.

그러라고 하느님께서도 우리를 불러모으셨던 거지요. 함께 기도하라고.

그리고 저 자신에 관한 일 한 가지 말씀드려야겠어요.

기도하기를 갓 시작하자 저절로 팔을 들어 올리게 되더군요.

마치 저는 우주 한가운데 있고 꽃이며 새며 별이며 할 것 없이 모든 것이 저를 에워싸고 저와 더불어 하느님을 찬미하는 느낌이었어요.

제가 피조 세계의 목소리, 작고 보잘것없고 소리 없는 모든 것의 목소리가 되어 가고 있었어요.

그건 신명나는 일이었어요.

저는 이 역할에서 저의 숨은 소명을 발견했어요.

성서 구절 중에서도 베드로의 첫째 편지의 말마디같이 감동적인 것도 얼마 없었어요.

"여러분은 사제다운 겨레입니다."

이제 저는 마음이 편했어요.

저는 결코 사제가 되고 싶어한 적이 없었고 제 동료들도 그렇다는 걸 잘 알고 있었어요.

그 진정한 이유는 기꺼이 밝히지 않았는데 이런 사정은 해명하기가 어렵거든요.

그렇지만 사제가 아님을 기뻐하는 바로 그만큼 저는 더욱 사제가 된 느낌이었어요.

그것은 제 안에서 천천히 무르익어 가는 하나의 부르심 같은 것이었고, 저는 이 소명을 저희 수도회 전체에 전해 주고 싶었어요.

사제들이, 주교에게 서품받은 이들이, 교회 안에 있는 까닭은 바로 사람들 모두모두 모두에게, 남자들뿐 아니라 특히 여자들 모두에게도, "여러분은 모두 사제들입니다. 여러분 모두 사제다운 겨레에 속하기 때문입니다"라고 말하기 위해서지요.

그렇기 때문에 팔을 펴 들고 기도하거나 손을 들어 올려 새들이나 물고기들을 축복할 때면 마음이 편했던 거예요.

여러분이 그렇게도 잘 부르고 제가 좋아하는 노래를 실제로 체험한 거지요. 작가에게도 고맙구요.

이 내 마음 안에
이제는 수줍게
싹터 오는 사랑.
흐뭇하게 느끼며
이제는 혼자 아닌

가이없는 생명의
빛나는 저 생명의
일부임을 깨닫네
흐뭇하게 깨닫네.

　자, 저보다 거의 팔백 년 후에 태어났고 같은 주 하느님의 믿음 안에 하나인 형제자매 여러분, 이제 우리 다 함께 계속 기도하십시다.

지극히 높으시고 전능하시고 자비하신 주여!
찬미와 영광과 칭송과 온갖 좋은 것이 당신 것이옵고,
호올로 당신께만 드려져야 마땅하오니, 지존이시여!
사람은 누구도 당신 이름 부르기조차 부당하나이다.
내 주여! 당신의 모든 피조물 그 중에도,
언니 해님에게서 찬미를 받으사이다.
그로 해 낮이 되고 그로써 당신이 우리를 비추시는,
그 아름다운 몸 장엄한 광채에 번쩍거리며,
당신의 보람을 지니나이다. 지존이시여!
누나 달이며 별들의 찬미를 내 주여 받으소서.
빛 맑고 절묘하고 어여쁜 저들을
하늘에 마련하셨음이니이다.
언니 바람과 공기와 구름과 개인 날씨, 그리고
사시사철의 찬미를 내 주여 받으소서.

당신이 만드신 모든 것을 저들로써 기르심이니이다.
쓰임 많고 겸손하고 값지고도 조촐한 누나
물에게서 내 주여 찬미를 받으시옵소서.
아리고 재롱 되고 힘세고 용감한 언니 불의 찬미함을
내 주여 받으소서.
그로써 당신은 밤을 밝혀 주시나이다.
내 주여, 누나요 우리 어미인 땅의 찬미 받으소서.
그는 우리를 싣고 다스리며 울긋불긋 꽃들과
풀들과 모든 가지 과일을 낳아 줍니다.[5]

    지금은 이쯤에서 끝내렵니다. 사랑하느라 아픔을 겪는 법을 배우고 난 다음에 나머지는 마치기로 하고요.
    저 자신에게도 기나긴 이야기였지요. "주님은 찬미 받으소서, 누나 죽음 때문에"라는 말을 할 수 있기까지는 꽤나 길을 걸어야 했고 예수님의 십자가 배움터에 오래오래 그리고 참고 견디며 머물러야 했어요.

✳

저에게 또 하나의 기쁨의 샘은 복음이 안겨 주는 해방감이었지요.

---

[5] 최민순 역 — 역주.

종살이에서 풀려났다는 느낌은 즐거움의 끊임없는 동기였어요.

프란치스꼬 저는 우상들로부터, 두려움으로부터, 저의 강박관념들로부터 풀려났던 겁니다.

저는 행복했어요. 제 나름의 시편 114를 짓고 그 말씀 따라 이렇게 기도했어요.

이스라엘이 이집트에서 나올 때
야곱의 집안이 야만족을 떠나올 때
유다는 그의 성소가 되고
이스라엘은 그의 나라가 되었도다.

그것은 마치 이같은 말이었지요.

프란치스꼬가 제 집을 떠나서
자유로운 사람으로 생각하게 되자
하느님이 그의 모든 것이 되시고
그는 하느님의 사랑이 되었도다.
바다가 보고서 도망을 치고
요르단이 거슬러 흘러갔도다.
산과 산은 수양처럼 뛰놀았으며
언덕들은 어린양처럼 춤추었도다.
바다야, 너 어찌 도망쳤더냐.

요르단아 너 어찌 거슬러 흘렀더냐.

산들아 어찌하여 수양처럼 뛰놀았으며

언덕들아 어찌하여 어린양처럼 춤추었더냐.

이 얼마나 기막힙니까.

자연까지도 우리의 기쁨에 한몫을 하니.

인간이 종살이에서 풀려난다는 것이 얼마나 위대하기에 바다와 산들까지 그 잔치에 참여하며 춤추겠나요.

우리가 밤에 기도할 때면 천사들의 성 마리아 숲이 불타오르는 듯했다면 놀라시겠지요.

장미가 한겨울에 꽃을 피운다면 의아해하시겠지요.

그리고 늑대들이 순해졌다면.

그리고 물고기들이 우리에게 귀를 기울였다면.

아니에요, 형제님들. 그 반대에 놀라셔야 해요. 하늘이 여러분의 기쁨을 보고도 꼼짝 않고 있다면 오히려 어이없어하셔야지요.

모든 것이 하나가 되어 모두 같은 잔치에 참여하는 겁니다.

그저 보기만 하면 돼요.

✳

그리고 보려면 잘 바라보아야 해요.

벌써 말씀드렸듯이 제가 회개하기 전까지는 조물들을 보지 못했어요.

조물들은 무슨 낯선 존재처럼, 한갓 풍경의 무슨 장식처럼, 저를 그저 스쳐 지나갔지요.

그런데 이제는 보였어요.

그리고 유심히 바라보았어요.

그랬더니 그들도 저를 바라보고 있는 걸 알겠더라구요.

어쩌면, 누가 알아, 그들도 저처럼 의사소통을 하려는 거였는지.

어쩌면 저를 알아들을지도 몰랐어요.

그들과 말을 나누어 보려고 했고 … 성공했답니다.

그렛치오 은수처를 향해 리에티 호를 건너고 있는데, 글쎄 어느 어부 하나가 제게 물새 한 마리를 선사하지 않겠어요.

기꺼이 받아 들고 나서 손을 벌려 어서 자유로이 떠나가라고 했지요.

그런데 그 새 새끼는 떠나기를 거부하고 마치 둥지에 들어온 양 제 손바닥에 들어앉는 거예요.

한참 기도를 하고 나서 마치 멀리서 돌아온 사람처럼 정신을 차리고 보니 새 새끼가 고개를 외로 틀고 저를 쳐다보고 있지 뭐예요.

사랑스런 눈으로 그를 바라보며 그만 떠나라고 했어

요. 그러나 새는 제가 축복해 주기를 기다리고 있었던 거예요.

그러더니 사뿐히 날아갔어요.

또 매하고 제가 맺은 우정에 대해선 무어라고 해야 할까요.

그때 저는 평화롭게 기도하려고 한 은수처에 들어가 있었어요.

그런데 보아하니 바로 가까이에서 매 한 마리가 둥지를 틀고 있는 거예요.

우리는 곧 동무가 되었고 같이 먹고 서로 한참씩 바라보곤 했지요.

매는 제가 기도할 때면 밤이든 새벽이든 아침이든 저를 지켜주는 버릇이 생겼는데, 그 임무를 소홀히 한 적이 없었어요.

때로는 평소 자기 본분 이상으로 행동하기도 했어요. 제가 힘이 빠진 것을 알아차리면 밤중에 저를 깨우지 않고 아침이 돼서야 기도하라고 깨워 주는 거였어요.

아마 하느님께서 저를 인도하시려고 그렇게 시키시지 않았나 생각해요.

이런 이야기를 들으면서 어쩌면 미소를 지으실지도 모르겠네요. 경험하신 적이 없으시니까. 하지만 제게는 실제로 일어난 일이었고, 심지어 저는 온갖 피조물을 위해 연설과 강론을 즐겨 시작하기에 이르렀어요.

자연계는, 짐승들은 인간에게서 하도 원수를 보아 버릇한 나머지 사람이 가까이 오기만 해도 도망을 치게 된 거지요.

인간이 대를 물려 가며 짐승들을 때려잡고 죽이고 괴롭혀 왔으니.

그래서 짐승들은 그들 나름대로 사람에 대한 강박적 공포감을 유전받아 사람만 보면 무서워서 소리 없이 도망가는 겁니다.

저는 제가 그들의 동무라는 걸 알아차리게 하려고 애를 썼어요. 처음에는 놀라워하더니 나중에는 믿어 주더군요.

그러고는 저에게 다가왔어요.

제게 귀도 기울이고요.

저는 너무나 기뻐서 어쩔 줄을 몰랐지요.

그건 제게 하늘나라가 넓어진 것과 같았어요.

마치 하느님이 계시다는 새로운 증거를 그들이 제게 보여 주는 것 같았구요.

그건 또 저의 형제자매들의 수효가 엄청나게 늘어난 셈이었지요.

하루는 뽀르찌웅꼴라에 있는데 제 승방 곁에 있는 무화과나무에서 매미 한 마리가 목청껏 노래를 하고 있었어요.

그에게 팔을 뻗으며 "누이 매미야, 이리 좀 오렴" 했어요. 그랬더니 알아들었는지 제 손에 와 앉는 거였어요. 그래서 말했지요. "노래해, 누이 매미야, 너와 나의 창조주이신 주님을 기쁘게 찬양하렴."

그랬더니 매미는 저도 또한 주님을 찬양하기 시작할 때까지 노래하기를 그치지 않는 거예요. 제 소리를 듣자 그치고 제가 입을 다물자 다시 시작하는 품이 마치 우리 둘이 합창하는 듯했어요.

그렇게 제 승방 앞에서 가지 위에 앉아 여드레 동안 자리를 지켰어요. 방에 돌아올 때면 그를 손으로 쓰다듬어 주곤 했는데 매미는 그게 즐거운 양 가만히 받아들이고 있더군요.

그러나 "누이 매미야, 노래해" 하기만 하면 즉각 제 방을 노래로 가득 채우는 거였어요.

한번은 그렛치오 부근에서 한 도반이 산토끼 새끼 한 마리를 가져다 주었어요.

올가미로 잡았다는 거예요.

그래서 산토끼 새끼에게 말했지요. "아우 산토끼야, 어쩌자고 걸려들었니? 이리 내게 오려무나."

풀려난 산토끼는 곧장 제 품으로 뛰어올라 꼭 안기는 거였어요.

좀 있다가 사랑으로 쓰다듬어 주면서 "어서 숲 속으로 자유롭게 가거라" 하며 땅바닥에 내려놓았더니 도로 뛰어올라 제 팔에 안기지 않겠어요.

그러고는 제가 형제들더러 "숲으로 데려다 주어요"
할 때까지는 저하고 머물러 있더군요.

그래요, 우습죠.

오늘날 여러분은 너무 합리적인 게 탈이에요. 그것도
여러분이 슬픈 이유 중의 하나지요.

그렇지만 저는 자연과 이를 초월하는 것 간의 일체성
을 체험했고, 우리를 에워 있는 그것을 우리가 얼마나
못 보고 살아가는지를 깨달았어요.

우리는 눈이 멀었고 가장 큰 것을 놓치고 있지요.

저는 어린애들만이 그것을 가장 잘 알아차린다고 생
각해요. 비록 우리가 어린이들을 안중에 두지 않는다
하더라도 역시 그들이 더 잘 보는걸요.

그러니까 예수님이 "너희가 어린이처럼 되지 않고서
는 … 들어가지 못하리라"고 하신 말씀도 괜히 하신 말
씀이 아니었어요.

저는 어린이들이 좋았어요. 어린이 마음을 지닌 어른
들은 더더욱 좋았어요.

얼마나 놀라워요.

그런 이들과 함께 있다는 건 얼마나 큰 기쁨이에요.

예를 들어 지네프로 수사 같은 이와 함께.

저는 그를 잘 기억하지요.

하루는 그가 웃어른에게서 호된 꾸중을 들었어요. 제
대를 장식하던 은방울들을 허락도 없이 남에게 선사해

버렸기 때문이었지요.

지네프로는 속으로 "원장님이 저토록 소리소리 질렀으니 아마 목이 쉬었을 거야"라고 생각하고는 부엌에 들어가서 밀부꾸미를 버터에 부쳤어요.

한밤중에 한 손에는 대접을 다른 손에는 촛불을 들고 자고 있는 원장님 방에 와서 문을 두드리더래요.

원장은 "이게 뭐야?" 하고 물었지요.

그랬더니 지네프로는 대답하기를 "신부님, 오늘 제 잘못 때문에 저를 꾸짖으실 때 듣다 보니 신부님 음성이 쉬는 것 같더군요. 너무 지쳐서 그러신 것 같아 이 부꾸미를 부칠 생각이 들었습니다. 드시면 가슴도 목도 풀리실 겁니다" 하질 않았겠어요.

한밤중에 사람을 깨웠다고 다시 화를 버럭 내면서 그를 쫓아 버리려는 원장에게 지네프로가 "신부님, 걱정 마세요. 그러면 신부님이 촛대를 들고 계세요. 밀부꾸미는 제가 먹을게요" 했다는군요.

그래요, 제게 크나큰 기쁨을 준 건 남보다 단순하고 속이 환히 들여다보이는 형제들이었어요. 수도회 식구가 모두 그랬으면 했어요. 사탄과 세속을 이기는 데는 그런 형제들이 으뜸가는 투사라는 생각이 들었거든요.

너무 똑똑한 친구들은 겁났어요.

이 세상의 복잡한 현실은 유머로 대처해야 한다고 생각했어요.

그것이 투쟁에서 견디어 내는 제일 좋은 방법이니까요.

예를 들어 한번은 아씨시에서도 제일 알아준다는 루피노 수사가 그를 비웃는 열심한 부인네들 앞에서 속옷붙이만 입고 벌거벗은 채 강론하는 모습을 보고는, 저런 사람이 아니면 이 세상을 어떻게 바꾸어 놓겠나 했어요.

그리고 퀸타발레의 베르나르도 수사가 탁발 갔다가 빈손으로 돌아오는 길에 너무나 배가 고파서 그만 보시받은 음식 부스러기를 먹어 버린 죄를 고백하는 것을 듣고 저는 기쁨에 넘쳐 울면서 제가 모든 사람의 형제라는 것을 사무치게 느꼈어요.

그것이 기쁨이었어요.

8

교회야, 나의 교회야

우리의 은신처이자 평화와 기도의 터전은 뽀르찌웅꼴
라 숲 속에 자리한 천사들의 성 마리아 성당만이 아니
었어요.

세상 끝까지 퍼져 있는 크나큰 교회가 있었지요. 성
다미아노 성당에서 제게 "고쳐 다오" 하고 부탁하신,
예수님이 친히 세우신 교회 말이에요.

그 자리에서는 심하게 무너져 가는 성 다미아노 성당
의 벽을 말씀하시는 줄로만 알았는데, 얼마 안 가서 그
말씀이 훨씬 더 폭넓은 뜻으로 로마 교회 자체를 가리
키고 있음을 깨달았지요.

그 교회가 아니라면 우리는 무엇이었겠나요?

누가 우리에게 진리를 확인해 주고 갓 들어선 길에서 우리를 안심시켜 주었겠나요?

저 프란치스꼬는 누군가에게 의지하고 누군가에게서 확인을 받아야 할 필요를 느꼈어요.

제가 혼자서 책임을 지기는 두려웠지요.

그렇다면 교황님을 뵈러 로마에 가지 못할 까닭이 있겠어요?

그 어른께 모든 걸 다 말씀드리고 복음을, 오직 복음만을 살고 싶은 우리의 소원을 여쭙고 강복을 청하면 좋지 않을까.

그 어른께 가난에 대한 우리의 갈증을, 가난한이들과 함께 지내고 싶은 꿈을, 마지막 자리에 앉고, 우리 자신이 빈자로 착취당하는 자 굶주린 자 집 없는 자 부랑자로서의 법적 신분을 받아들이고 싶은 마음을 전해 드리면 어떨까.

그건 다 주제넘은 생각이었을까요?

불가능한 것을 청하는 셈이었을까요?

우리는 몇 명 되지도 않았는데, 당시 열 명에 불과했는데, 벌써부터 그리스도의 대리자 되시는 분께 우리 사정을 여쭐 필요를 느끼다니.

그건 우리가 살아내려고 하던 겸손의 덕을 거스르는 것은 아니었는지?

아니에요, 거스르는 건 아니었어요. 우리는 다 함께

로마를 향해 떠났어요.

그건 1210년 오월의 일이었어요.

프란치스꼬 저는 복음에서 그대로 추려낸 극히 단순한 '규칙'을 주머니에 지니고 갔어요.

그 규칙은 가난과 사랑 안에 우리 자신을 하느님께 바치겠다는 우리 모든 형제들의 의지를 잘 반영하는 것으로 보였지요.

길을 가면서 우리는 끊임없이 기도하고 노래했어요.

우리는 넘치는 기쁨으로 가득했고 그 기쁨은 우리가 만나는 모든 이에게 전염병처럼 옮곤 했어요.

가난한 지방을 거쳐 가면서도 먹는 것도 자는 것도 별문제가 없었어요.

호기심에 찬 사람들은 모두 우리를 에우고 필요 이상으로 많은 잠자리를 제공해 주었어요.

로마에 도착하자 우리 교구의 귀도 주교님을 찾았지요. 그는 곧 우리를 대견하게 여기니까 살아갈 대책을 따로 찾을 것 없이 자기 교구에 머물라고 하셨어요. 그래서 우리는 기뻤지요. 그뿐 아니라 바오로 대성전에 머물고 계신 지오반니 콜론나 추기경과의 친분을 통해 교황님께 우리를 인사시키겠다고까지 하셨어요.

교황 인노첸시오 3세는 혈통으로는 공작이었는데 인간에 대해서는 비관적이었어요. 그는 특히 가난을 내세우는 반면 로마 교회를 욕하는 알비파 교단[6]이 사방에서 전투를 벌이며 대드는 바람에 침울한 생활을 하고 있었지요.

저는 막연하게나마 그 투쟁의 초점이 어디에 있는지를 느꼈어요.

그런 분쟁과 반란의 바람이 교회를 어지럽히고 있는 마당에 엄격한 가난을 강조한다는 게 저에게 도움이 될 리 없었지요.

그러니 어쩌면 좋을까?

저의 아내인 가난 부인을 거역하면서까지 규칙 인가를 받노라고 통념적인 처신의 덕을 보아야 한단 말인지?

아니었어요. 그럴 마음은 없었어요.

게다가 제 둘레에는 껄렁한 차림을 한 열한 명이 있어, 저를 그저 쳐다보기만 해도 반대할 판이었으니.

우리는 가난하고 또 가난했어요. 그리고 우리의 이 가난이 주변 분위기로는 남들 눈에 주먹질하는 것처럼 느껴졌을 테니까요. 교황님은 저를 주의깊게 바라보셨고 저는 교황님을 사랑으로 바라보았지요.

"아들들아, 보아하니 너희네 생활이 너무 엄한 것 같구나. 너희들의 놀라운 열성을 보니 오래 견디어 낼 것

◀6 12세기 말에서 13세기 초에 걸쳐 프랑스 알비 지방에서 일어난 이단으로, 영육을 선악으로 나누어 이원적으로 보면서 반로마 투쟁을 전개한 교파. 마니교파와도 흡사함 — 역주.

도 같지만, 너희들 뒤로 올 사람들이 걱정이란다."

"교황 어르신, 저는 전적으로 저의 주님 예수 그리스도께 맡기고 있습니다. 당신을 위해 모든 것을 버리는 사람에게 하신 약속을 설마 어기시겠습니까?"

우리는 물러났어요.

우리는 인가를 기다리는 동안 성 안또니오 병원 환자들을 돌보았고, 교황님은 추기경님들과 의논하느라 시간을 보내셨어요.

추기경님들 중 여럿이 반대 입장이었고 부정적인 의견을 낼 거라고 알려졌어요.

그런가 하면 콜론나 추기경님은 아주 단순하면서도 구체적인 견해로 저희들을 변호하고 계시다고 알려졌어요. "만일 우리가 복음에 기대는 이 가난한이의 요청을 거부한다면 하느님 마음을 상해 드리지 않을까요? 또 그가 내놓은 규칙이 인간의 가능성에 반한다고 우리가 우긴다면 인간이 이 영역에서는 도무지 복음을 따라 살 수가 없다는 주장을 하고 마는 셈이 되지 않을까요?" 하고.

교황님이 저희들을 도로 부르셔서 우리는 또다시 넓은 알현실로 들어가 그 어른 앞에 섰어요.

높은 자리에는 인노첸시오 3세 교황님이 밤잠을 못 주무셨는지 파리한 모습으로 계셨고 그 앞에는 프란치스꼬 제가 볼품없는 동료들 한가운데 서 있었어요.

교황님이 저를 주의깊게 바라보시는 품이 마치 당신 앞에 서 있는 자가 도대체 어떤 사람인지 속속들이 알아보고 싶으신 것 같았어요.

저는 교회 안에서 가난을 살고자 하는 제 꿈을 하나의 비유를 들어 변호해 보았지요. 그 비유는 일찍이 제 동료들에게 이야기했던 거였어요.

저는 열을 올리고 온 힘을 다하여 우리는 가난해야 한다고 여쭈었어요. 그리고 그것은 그리스도를 믿는 백성에게 우리가 마땅히 해야 하는 증언이라고.

그 순간 무슨 일이 일어났는지 잘 모르겠어요.

제가 보기에 교황님이 마치 당신을 괴롭혀 오던 문제가 대번에 풀리기라도 한 듯 갑자기 생각을 바꾸신 것 같았어요.

미소를 지으셨어요. 저보고 가까이 다가오라고 손짓을 하시더니 저를 껴안으시는 거였어요. 그때 저는 싸움에 이긴 걸 알았어요. 그리고 하느님 친히 개입하셔서 우리가 교회를 속이는 일 없이 진지하게 살려고 하는 거라고 교황님을 안심시키셨음을 알았어요.

나중에, 그 전날 밤에 교황님이 꾸셨다는 꿈 소문이 나돌았어요.

막 무너지려는 라테라노의 성 요한 대성전을 어떤 가난한 옷차림의 한 사나이가 두 어깨로 받치고 있는 꿈이었다는 거예요.

제가 그 가난한이였을까요?

제 입장에서 그런 생각을 하기엔 용기가 필요하지요.

그리고 … 꿈인데 … 꿈같은 걸 어떻게 믿을 수 있겠어요?

어쨌든, 그 생각이 다시 마음에 떠오를 때면 애써 쫓아 버리곤 했지요. 제가 얼마나 아무것도 아니고 힘없는지를 저의 주님께 여쭈면서.

그러고 나서 우리는 귀로에 올랐고 로마는 이제 우리 등 뒤에 있었어요.

교황님이 우리의 규칙을 인가해 주신 데서 오는 큰 행복감에 당장은 부풀어 있던 우리에게 얼마 안 가서 어떤 막연한 불안감이 뒤따랐어요.

움브리아 땅으로 점점 가까이 갈수록 노래가 줄어들고 그 대신 안으로부터 우러나오는 침묵기도를 하게 됐는데, 그것은 우리가 어떠한 어려움을 향해 걸어가고 있는지에 대한 깨달음에 마음이 죄어들었기 때문이지요.

한 가지는 확실했고 의지가 되었어요. 그것은 하느님이 우리와 함께 계시고 우리를 도와주시리라는 굳은 믿음이었지요 …. 하지만 본격적인 전투는 이제 우리 앞에 있었어요. 바티칸 궁궐에서는 가난을 찾아볼 수가 없었고 그 징조도 못 보았거든요.

이 사실이 복음의 가난을 살기로 작정하고 아씨시를 향해 걸음을 서두르고 있는 일행 사이에 논란을 불러일으킬 것이 뻔했어요. 우리는 역시 원시인처럼 단순하고 거칠디거친 사나이들로 구성된 일행이었으니.

저는 밤에 잠을 이루지 못했어요.

우리가 처한 상황 안에 바로 성스러운 동시에 죄스러운 교회의 신비가 담겨 있었어요. 하느님의 약속으로 인해 결함이 있을 수 없는 동시에 실제로는 그 부와 힘으로 많은 이에게 충격을 안겨 줄 수 있는 교회의 신비가 거기 담겨 있었지요.

이 문제를 제가 어떻게 풀어야지요?

형제들에게는 무어라고 말을 해야 하지요?

저는 교회에 절대적인 충성을 바쳐야겠다고 마음속 깊이 느꼈어요. 교회는 저를 낳은 어머니이고 저의 모든 것이었는데 그러한 교회가 동시에 그 뻔뻔한 부유에다 권력과의 결탁으로 하느님의 메시지를 힘빠지게 하고 있음을 느꼈어요. 그 메시지는 하느님께서 무너져 가는 라테란 대성당의 벽을 가난한이들이 어깨로 떠받치고 있는 꿈을 통해 교황님에게까지 풀이해 주시지 않았던가요.

교회를 떠받쳐야겠는데, 어떻게 해야 할지.

금간 데를 고쳐야겠는데, 어디서부터 해야 할지.

그러나 곧 위험을 깨달았어요. 우리처럼 젊고 경험도 없는 주제에 자칫하면 상처난 데에 손가락질이나 하면서 신경을 곤두세우고 남을 날카롭게 판단이나 하는 불만에 찬 한 패거리가 될 위험을.

아니에요. 그건 우리가 갈 길이 아니었어요. 그렇게 해서 될 일은 아무것도 없었어요.

그런 따위의 훈계자는, 특히 우리나라 북쪽에, 이미 너무 많이 널려 있었어요.

예수님이 우리에게 바라시는 것은 분명 다른 무엇이었어요.

저는 그게 무언지 알아냈어요. 그건 바로 예수님을 닮는 일, 그분이 하신 대로 하는 일이었어요. 그러자 예수님 말씀이 제 안에 잔잔히 떠올랐어요.

"남을 판단하지 말아라."

"어찌하여 너는 형제의 눈 속에 있는 티는 보면서 제 눈 속에 들어 있는 들보는 보지 못하느냐?"

"나는 심판하러 온 것이 아니라 구원하러 왔다."

특히 이 말마디가 제게 와 닿았고 깊이 사무쳤어요.

"나는 구원하러 왔다."

나도 구원받지 않았나? 바로 구원받았기 때문에 행복한 거지.

그런데 구원받았다고 해서 나와 같은 은혜를 입지 못한 사람들을 매섭게 비난하고 나서야 한단 말인가?

도리어 그들을 동정해야 하겠지.

이런 생각에 눈이 환히 뜨이면서, 부자 앞에서, 예수님이 가르치신 참행복에 아직 들지 못한 이들 앞에서, 어떤 태도를 취해야 할지에 대해 걱정하던 마음이 놓였어요.

죄스럽게 아름다운 비단으로 차려입은 부자는 하나의 빈자이지요. 누더기를 입어 누가 봐도 가난한 사람보다도 더 가난한 빈자이지요.

제가 눈에 보이는 가난한이들을 동정하고 사랑하는 터라면, 어째서 겉으로는 그렇게 안 보이는 껄렁이인 부자들과 세도가들, 여전히 우상을 믿으면서 어둠 속에 살고 있는 그들을 동정하고 사랑하지 말아야겠어요?

그래요, 저는 강하게 느꼈어요. 정작 딱한 사람은 복음의 행복에, 해탈의 기쁨에 아직 들지 못한 채 허영과 불안과 교만과 탐욕과 권세에서 만족을 찾는 사람이지요.

저와 저의 아버지 중에 누가 더 복을 받았나요?

종달새처럼 자유로이 노래하면서 하느님을 가까이, 아주 가까이 느끼던 저였나요, 아니면 줄곧 돈 걱정만 하고 하찮은 일들 걱정이나 하던 아버지였나요?

또 교회 안의 두 사람 중 누가 더 복을 받았나요? 예수님 복음을 믿은 사람인가요, 아니면 여전히 구약의 폭력을 믿으면서 하느님께 영광을 돌린답시고 깨부술

머리통을 찾는 사람인가요? 한마디로, 복음이 선포되기는 했지만 ⋯ 복음을 살지 않는 사람은 복음에 사로잡힌 사람보다 훨씬 더 불행한 거예요.

예수님이 마음을 써 주신 자캐오는 스스로 가난해졌는가 하면 가난이 두려워 예수님을 떠난 부자 청년은 자기 속박에 그대로 묶여 있게 되었는데, 어느 편이 더 복받았다고 보아야겠나요?

이제 저는 신앙의 동료들에게 어떻게 이야기해야 할지를 알아냈어요.

"형제들이여, 우리는 작은 존재이기에 작은 자들로 머물러야 해요. 우리에게 걸맞은 자리는 예수님이 택하신 자리, 즉 마지막 자리예요."

바로 마지막 자리이기 때문에 가장 아름다운 거지요.

우리가 맨 끝자리를 차지하면 두려워할 것도 없고 아무도 우리를 샘하지 않을 거고 우리 때문에 다른 사람들이 충격을 받을 일도 없을 것이고.

맨 끝자리에 있으면 모든 것을 더 잘 보게 되고 우리가 돕고자 하는 고통받는 이들을 더 잘 이해하게 될 터이고.

우리가 두려워해야 할 것은 단 한 가지, 교만이지요. 앞에 나서려 하거나 형제들을 심판하려 드는 충동, 그러잖아도 하느님의 부재와 자신의 죄가 마음 안에 남기는 슬픔 때문에 가슴 아파하고 있는 이들을 우리의 심판으로 때리려는 그런 교만을 두려워해야지요.

우리의 진정한 규율은 복음이에요. 그것을 깨닫고 가난하게 정결하게 겸허하게 평화롭게 사는 이들, 박해마저도 참 행복으로 알고 사는 이들을 우리는 복되다고 여겨야지요.

가련하게 여겨야 할 사람이 있다면 그것은 부자와 권세가와 배부른 자예요. 그런 이들은 하느님이 하신 "너희는 불행하다"는 무서운 말씀이 내리누르지요.

마태오복음에 나오는 "자비를 베푸는 사람은 행복하다"는 다섯 번째 진복은 제가 갈 길을 밝혀 주었어요.

죄인들을 위한 자비.

그리스도인들을 위한 자비.

교회를 위한 자비.

교황들을 위한 자비.

가난한이가 되기를 원했으면서도 제대로 되지는 못한 우리를 위한 자비.

교회 역시 자비심을 가지고 바라볼 필요가 있었어요. 바티칸도 마찬가지고요.

그때까지만 해도 교회의 신비가 무엇으로 성립하는 건지 잘 몰랐어요. 죄를 지을 가능성과 아울러 무류성

無謬性,[7] 좋지 못한 표양과 아울러 자신만만한 거동, 목자들의 기막힌 맹목성과 아울러 바로 그런 이들과 더불어 약속의 땅에 이르리라는 보장 ….

이제는 그것이 제 눈에 보였어요. 그리고 로마에 가서 인가를 얻은 것이 다행이었어요.

저는 평온한 느낌이었어요.

바위에 기대고 있는 느낌이었어요.

저는 하느님의 계획 안에 들어 있는 느낌이었어요.

그분은 아브라함과 이사악과 야곱과 계약을 맺으신 하느님이셔요.

그분은 당신 백성을 종살이에서 약속의 땅으로 이끌어 내신 모세의 하느님이셔요.

그분은 다윗 가문이 저지른 엄청난 죄악에도 불구하고 왕위가 끊이지 않도록 "네 옥좌 위에 한 임금을 앉히리라"고 말씀하신 다윗의 하느님이셔요.

그분은 "두려워하지 마라. 내가 너와 함께 있겠고 … 너를 이끌겠고 … 너는 승리하리라"고 하신 신적인 약속을 확신하며 살아간 이스라엘의 하느님이셔요.

교회의 무류성은 인간의 나약함에 근거하는 게 아니라 하느님의 전능에 근거하는 거였어요.

그것은 인간의 어떤 덕성의 결과가 아니라 하느님 사

---

[7] 구원에 필요한 신앙과 도덕에 관한 교회의 공식 가르침은 하느님의 보호로 그르칠 수 없다는 특성 ― 역주.

랑이 낳은 결과였어요. 인간의 부덕과 온갖 치졸한 잘못에도 불구하고 불굴의 의지로 당신 백성을 목적으로 이끄는 데 성공하시는 하느님 사랑의 결과이지요.

하느님께서는 모세나 베드로나 인노첸시오 3세를 당신 백성의 우두머리로 삼으시면서도 그들 머리의 완고나 마음의 응어리를 없애 주시지 않고, 그들의 그런 굳은 머리와 맺힌 마음에도 불구하고 당신 백성이 하늘나라에 이르도록 하셨어요.

그러니까 우두머리를 바꿔치우고 또 하나의 어떤 다른 교회를 세우는 게 아니라 교회가 이미 세워져 있음을 믿고 그 교회를 이끌어 주시는 성령께 우리 자신을 맡겨야 하는 거지요. 일찍이 모세와 다윗과 베드로를 이끌어 주셨고 지금은 며칠 전 우리가 본 저 약점 많은 인노첸시오 3세를 이끌어 주시는 같은 성령께서 교회를 이끌어 주시니까요.

그래요. 우리에 앞서 교회는 이미 세워져 있다는 사실을, 그리고 우리가 남들보다 나을 게 없다는 것을 믿어야 했어요.

우리가 뭐 너절한 옷이나 입고 오두막에 산다고 해서 더 잘났다는 생각 따위는 아예 하지도 말아야지요!

이제 우리가 왔으니까 상황이 뿌리째 바뀌리라는 망상도 마찬가지고요.

아니지요.

교회로서 우리는 계속 거룩하고도 죄스럽고, 이상을 찾으면서도 사악할 수 있고, 평화의 터전이면서 패권의 소굴이기도 할 거예요.

모든 것은 우리 하나하나의 성덕에, 성인들의 노력과 기도에, 미천한 이들의 희생에, 그리스도를 따르는 이들의 진실한 사랑에 달려 있어요.

하지만 한 가지만은 분명했어요. 설사 우리가 자신의 죄와 불충 때문에 좌절한다 하더라도 교회는 좌절하지 않을 거라는 사실이에요. 사막을 가로지를 때나 바빌론에서의 애처로운 외로움[8] 중에서도 하느님 백성은 좌절하지 않았듯이.

"작은 나머지"[9]는 목적에 도달하기로 되어 있어요.

그건 하느님 스스로 보장하셨어요.

❋

나의 교회야, 나의 교회야,

네가 아무리 못생겼어도

너는 언제나 나의 교회지.

---

[8] 기원전 6세기에 정복당한 유다인 다수가 바빌론에 강제 이송되어 약 반세기를 살던 시절을 가리킴 — 역주.

[9] 성서에서 끝까지 충실한 "작은 나머지"라는 중요한 관념은 역사적이기도 하고 상징적이기도 함 — 역주.

세상 돌아가는 걸 보러 밤에 아씨시로 온다면 저는 기타를 치면서 이렇게 노래할 거예요.

그리고 이 노래는 저 큰 교회뿐 아니라 저의 작은 교회, 프란치스칸 교회에도 해당하는 노래예요.

이제 보세요. 잠에 취한 채 자기네 성인 프란치스꼬를 다시 보겠다고 마중 나온 수사들에게 "저 롯카 언덕에 올라가서 우리끼리 이야기 좀 하세" 하고 말을 걸 거예요.

오늘 저녁에는 달이 떴구려. 그런데 달이 뭐 꼭 있어야겠소? 시 당국이 자네들의 집들을 비추는 정말 멋진 조명을 마련해 놓았구면. 자네들이 사는 집들은 아주 아름다운 데다가 조명으로 더욱 돋보여 바라보기에 참 좋네그려.

살아생전 아씨시를 이처럼 우아하고 정말 조화로운 소도시로 변모시키리라고는 생각도 못했었지.

대성당들은 또 얼마나 훌륭한가!

정말 잘들 했어요, 수사님들!

자네들 수도원 건축의 조화와 아름다움을 보고 감탄하지 못할 만큼 몰취미한 프란치스꼬는 아니거든.

내 마음에 썩 들지 않는 몇 가지에 대해 자네들을 얼마든지 나무랄 수도 있겠지만, 하지 않겠네.

나도 이젠 예전에 비해 원숙해졌다고나 할까. 그전처럼 수도원 건물을 헐어 버리거나 하진 않을 거니까.

팔 세기나 지났으니 가난도 여러 가지 모습으로 나타날 수 있겠지. 그 시절의 나는 어찌나 꿈쟁이였는지 얼마 안 가서 꿈쟁이가 아닌 엘리아 수사 같은 사람으로 교체됐지, 뭐.

그래. 자네들을 나무랄 수도 있겠지만 그럴 마음이 없네. 그래도 한마디만 한다면, 너무 지나치진 말아 달라는 거지. 어느 입이 싼 은행원 한 사람이 — 그는 제삼회원이었는데 — 내게 말하기를 자네들의 은행 계좌가 꽤나 두둑하다던데 ….

정말이라고 곧이들을 소리는 아니겠지만. 그 사람 자신도 지켜야 할 은행 묵비 규칙으로 문책해야 할 일이니 말이지.

자네들에게 딱 한 가지만 부탁하겠네.

자네들에게 돈이 있으면 제발 잘 써요. 우리가 다 함께 그토록 사랑하던 가난한이들을 위해서 써 주어요.

내가 백 주년 경축 기간에 돌아오거든 — 난 돌아올 건데 — 순례자 옷을 입고 내가 아씨시로 돌아오거든, 자리가 없다고 코앞에 문을 닫아 버리지는 말아요.

가난한이도 맞아들여 주어요. 일을 시켜도 좋으니 맞아들여 주어요.

다른 사람들도 아닌 바로 자네들이 돈을 낼 수 없는 가난한이들에게 매정하게 문을 닫아 버린다면 그건 못된 짓이지.

안 그래요?

그리고 또 한 가지.

나를 맞아들인 다음 자네들과 함께 기도하게 해 줘요. 아침에도 저녁에도.

날이 밝으면 함께 아침기도를 드렸으면 좋겠네. 기도 도중에 "방문객 여러분, 이 벽화는, 15세기 작품입니다" 따위 소리는 듣지 않으면서.

날이 저물면 모여든 관광객들과 모두 한데 모여 저녁 기도를 함께 바치면서 노래도 하고, 그리고 침묵은 잘 지켜 주기를 부탁해요.

침묵은 중요해요. 침묵을 찾는 사람들이 있어요.

내 말 들어 봐요. 사람들이 찾아와서 영적으로 무르익은 분위기를 만나지 못하면 자네들에 대해서 좋은 소리는 안 하고 그 대신 성당을 하나의 미술관으로 바꿔 놓고 자네들이 관광안내를 잘한다고 자만하더라는 소리나 할 테니.

안 그래요?

왜 나를 그런 눈으로 쳐다봐요? 불만인가요?

더 엄한 설교를 듣고 싶었나요?

그런 설교는 벌써 했지 않아요, 팔 세기 전에. 이젠 그렇게까지 안 해도 나는 좋아요.

이렇듯 여러 세기를 지내는 동안 나도 한 가지 배운 것이 있어서 자네들에게 말하고 싶네.

가난에 대해서는 판단하기 어렵다는 사실이 그것이지.

겉으로 드러나는 표징으로는 가난한 옷차림, 자그마한 집, 맨나무로 짠 상, 금이 간 밥그릇, 딱딱한 잠자리, 올이 굵은 자루옷 등이 있지. 그리고는 현실이 있는 거지. 완전히 내면적이고 안 드러나는 진짜 현실이.

오늘에 이르러 나는 그 현실을 더 좋아하고 그 깊이를 더 잘 보는데 현실이 더 넓고 더 보편적이 되었기 때문이지.

집세를 못 내는 사람만이 가난한 게 아니라 암에 걸린 사람도 가난하니까.

쓸쓸한 변두리에 사는 사람만이 가난한 게 아니라 마약 중독에 걸린 사람, 사랑 못 받는 사람, 소외된 사람, 외로운 사람 모두가 가난하니까.

그리고 또 한 가지 내 마음에 걸리는 것이 있는데, 예전 우리 시절에는 꿈에도 할 생각을 못했을 일인데 자네들은 하고 있지 않나.

자네들이 가난에 대해서 속임수를 쓸 줄 알게 됐다니. 젊은이들은 요즘 너절하게 차려입는 게 유행인데, 사치스런 거실을 더 좋아하면서도 작업복 바지를 걸치고 다닌다든가.

그런가 하면 옛날 그릇이나 케케묵은 상 따위를 진귀한 골동품이랍시고 더 좋아하는 이들도 더러 있고.

한마디로 어떻게 판단해야 할지.

그래서 나는 판단하기 싫구먼.

그저 자네들에게 한마디 한다면 이거지. 하느님 앞에 바로 서서 하느님 심판에 자신을 맡기게나.

그리고 이 점 하나는 명심하게.

자네들 일생의 저녁기도 때가 되면 사랑에 대해 심판을 받지 가난에 대해 심판을 받지는 않는다는 사실을.

내가 이 소리를 하는 건 교회의 최전선에서 이제 가난이라는 바로 그것이 가난한이는 부자를 미워하고 노동자는 사업주를 미워하는 터전이 되었으니 말일세.

이건 더 이상 진복도 아니고 복음도 아니에요. 막스주의지.

자네들은 복음의 정신이 아닌 시대의 정신을 잔뜩 들이마시는 게 얼마나 쉬운지조차 느끼지 못하고 있는 걸세.

그리스도를 믿는 노조 운동가나 다른 문화의 노조 운동가나 서로 다를 바가 없지 않나.

이건 슬픈 일이에요, 아주 슬픈 일. 마치 예언의 힘이 다 빠진 듯한 노릇이지.

사랑은 바로 하느님 자신이신 반면 가난은 단지 겉옷일 뿐이라는 것을 자네들이 결코 잊어서는 안 돼요.

그러니까 자네들이 남의 옷차림에만 눈이 팔려 그 옷을 입은 사람을 더 이상 보고 받쳐주고 사랑할 줄 모른다면 안 될 노릇이지.

그 사람이 죄인이라도.

그 사람이 부자라도.

그 사람이 하다못해 몬시뇰이나 대성당 참사위원이라도.

*

또 한 가지 떠오르는데 자꾸 역설해도 양해들 해 주게.

자네들은 지금 별스럽고 모순덩어리이고 애매모호한 시대를 살고 있다네.

더 부유할수록 더더욱 가난 이야기를 하고 더 부르주아적일수록 더욱 가난한 교회 '놀이'를 하며 공동체를 더 논할수록 더욱 고립되고 분리된 자로 살지들 않나.

말과 행동 사이에는 바다가 가로놓여 있는데, 자네들의 경우에는 아예 대양이 그 사이에 있다네.

자네들이 지껄여대는 말은 바다를 이루어 자네들 모두 거기 빠져 죽을 판일세.

그래서 나는 자네들에게 모진 소리를 할 마음이 없는 걸세. 나보다야 자네들이 더 모진 소리를 곧잘 할 줄 아니까.

자네들이 그 많은 회의에서 하는 소리에 이젠 그만 귀기울이겠네.

얼마나들 완강하고 무정하고 과격한지, 참.

그런 완강함과 과격함이 언제나 '다른' 사람들만을 겨냥하고 자네들 자신을 향하지는 않으니 딱한 노릇이고.

한마디로 자네들의 영성은 남들만을 회개시키려는 열정인가 싶네!

그래, 나 프란치스꼬가 자네들에게 말하네. 자네들 자신의 회개에 초점을 맞추게나. 그러면 실상을 더 잘 이해하게 될 테니.

무엇보다도 이 점을 깨달을 걸세. 프란치스꼬 회원들, 가푸친 회원들, 꼰벤뚜알 회원들, 그리고 … 더 나아가자면 예수회 회원들, 살레시오 회원들, 작은 형제회 회원들을 바꾸어 놓겠다는 생각이 얼마나 헛된가를 ….

그건 불가능한 일일세!

가능한 건 인간의 회개이고, 특히 지금 내게 귀기울이고 있는 인간인 바로 자네의 회개일세.

역사란 제 나름의 법칙이 있어서, 아무리 거룩하고 위대한 창설자가 세운 기구라 할지라도 세월의 마모는 면하지 못하게 되어 있네.

오로지 알몸인 인간, 되도록 철저히 벌거벗은 인간만이 세월의 마모를 면하고, 있는 그대로의 복음 앞에 서서 이를 내 것으로 삼을 수 있다네.

내 아들들아, 자네들이 이 나를 프란치스꼬 아버지라 부른다면 이렇게 말하겠네. 자네들 수도회의 개혁을 믿지 말게. 자네들 각자 자신의 개혁을 믿게.

　나의 형제들아, 자네들이 나를 프란치스꼬 형이라고 부른다면 이렇게 말하겠네. 거룩해지게, 그러면 자네들에게 세상이 거룩해 보일 걸세.

9

표징들의 웅변

제가 복음에 귀의하자 곧 알아낸 것은 표징들의 힘이었
지요.

제 둘레에 있는 모든 것이 하느님의 표징임을, 하느
님을 가리키고 있음을 깨닫게 되자 얼마나 기뻤던지.
무엇을 보아도 이젠 그분을, 더없이 높으시고 좋으신
주님을 생각하지 않을 수가 없었어요.

말하자면, 이제는 밤낮없이 그분 안에 잠겨 있는 저
를 그 어떠한 힘도 그 달갑고 힘있고 참다운 현존에서
떼어 놓을 수가 없게 되었어요. 저는 이런 상태에 길들
면서 한 가지 아주 중요한 것을 깨닫고 살아가게 됐는
데 그건 하나의 기본적인 교훈이었어요.

즉, 그분께서 우리에게 말을 건네고 모든 것을 풀이해주기 위해 표징들을 세우시듯이 우리 역시 우리 나름의 몫을 다해야 한다는 진실이 그것이지요. 그건 때를 놓치지 않기 위해서도 그렇고 우리가 가고 있는 길에서 벗어나지 않기 위해서도, 또 우리의 약점을 바로잡기 위해서도 그렇지요.

그래서, 우리가 어떤 생각을 품고 있고 우리가 어떻게 되기를 원하고 있는지를 구체적으로 설명하는 표징을, 실제로 살아내는 복음의 가르침을 드러내는 표징을 세우기로 했지요.

그런 뜻으로 우선 세워야겠다고 떠오른 표징 중의 하나는, 돈을 무시하고 탐욕을 극복하겠다는 뜻을 분명히 드러내 보이기 위한 것이었어요. 퀸타발레의 베르나르도와 삐에트로 갓타니가 하루는 저를 찾아왔어요. 베르나르도는 큰 부자였고 삐에트로는 사제이자 주교좌 참사였어요.

저는 그들에게 말했어요. "복음서를 아무 데나 펼쳐 놓고 읽어 보게." 거기에는 이렇게 적혀 있었어요. "네가 완전한 사람이 되려거든 가서 네가 가진 것을 다 팔아 가난한 사람들에게 나누어 주고 나서 나를 따라 오너라."

"형제들, 주님이 무엇을 원하시는지 이제 알았나?"

"네."

그리고 갔어요. 베르나르도는 자기 재산을 다 팔고 삐에트로는 참사직을 내놓았어요.

아씨시의 성 베드로 광장에서 맞은 1208년 5월 어느 날 아침이 눈에 아직도 선해요.

베르나르도는 겉옷 자락에 물건을 가득 담아 들고 서 있었어요. 저는 거기서 돈을 집어 나누어 주기 시작했지요.

그랬더니 이게 웬 소동입니까?

사방에서 사람들이 쏟아져 나오더니 가난한이 가난하지 않은 이 할 것 없이 모두들 주워 가는 거예요. 가관이더군요.

우리는 마지막 동전 한 닢까지 다 주어 버렸어요.

그날 아침처럼 해방의 기쁨을 느낀 적도 없었고 이 표징에 비추어 인간이 얼마나 돈에 얽매인 종살이를 하는지를 본 적도 없었지요.

우리 형제들과 저 자신에게 그저 순진한 마음으로 세우려 했던 또 하나의 표징은 루피노 수사에게 아씨시에 가서 설교하라고 권한 경우였어요.

이때 상황을 『잔 꽃송이』[10]의 맛갈진 묘사로 들어 보세요.

---

[10] 원제: *Fioretti di San Francesco*. 우리말로 『잔 꽃송이』라고 불리는 이 글 모음은 제1부 성인과 그 동료에 얽힌 일화집, 제2부 성인의 '오상에 관한 몇 가지 고찰'로 이루어져 있다. 우리말 번

"존경하올 사부님, 제발 저를 보내지 말아 주십시오. 저는 아시다시피 설교의 은사도 없고, 우둔하고 바보입니다."

그러자 성 프란치스꼬는 말씀하셨다.

"그렇지만 내 말을 즉시 따르지 않았으니 나는 거룩한 순종의 이름으로 명한다. 벌거숭이로 기저귀만 차고 태어났으니 아씨시에 가서 아무 성당에나 들어가 그렇게 벌거벗고 군중에게 강론하도록 하거라!"

이 명을 받들고 루피노 수사는 옷을 홀랑 벗고 아씨시로 가서 한 성당에 들어가 제대에 경배하고는 강론대에 올라 강론을 시작하였다.

그것을 보고 어른 아이 할 것 없이 킬킬 웃으며 "저것 좀 봐, 저 사람들은 너무 고행을 했기 때문에 멍청해져서 머리가 돌았나봐" 하였다.

그런 가운데 성 프란치스꼬는 루피노 수사가 즉시 복종한 것과 그에게 자기가 너무 힘겨운 명령을 내렸다고 생각하고 스스로 꾸짖어 말하기를 "너는 어디서 그런 교만이 나왔느냐? 삐에트로 디 베르나르도네의 아들, 이 못된 놈아, 루피노 수사더러 미친 사람처럼 군중 앞에 벌거벗고 설교하라고 명령하다니! 하느님

역본은 『성 프란치스꼬의 잔꽃송이』로 작은 형제회 한국관구가 1975년에 분도출판사에서 펴낸 이래 여러 판을 거듭하고 있다 — 역주.

맙소사, 네가 남들에게 명하는 것을 너 자신도 맛볼 거다" 하고는 성령의 열성으로 자기도 옷을 벗고 아씨시로 설교하러 갔다.

나머지 이야기는 여러분이 다 아시니까 더 할 것 없지만, 아무튼 그 강론은 우리 모두 오래오래 기억했지요.

그 무렵 저는 하느님을 신뢰하는 마음, 그분과의 관계에서 지켜야 할 단순함, 그분 손에 맡겨진 어린 아기처럼 그분이 이끌어 주신다는 확실한 믿음을 다지고 있었어요.

이 표징을 들어 보세요.

하루는 성 프란치스꼬가 맛세오 수사를 데리고 길을 가고 있었다. 맛세오 수사는 조금 앞서 가다가 피렌쩨와 시에나와 아렛쏘 세 곳으로 갈라지는 삼거리에 당도하자, "사부님, 어느 길로 가야 합니까" 하고 물었다.

성 프란치스꼬는 "하느님께서 원하시는 길로"라고 대답하였다.

맛세오가 다시 "그런데 우리가 어떻게 하느님 뜻을 알 수 있을까요?" 하고 다시 또 묻자 성 프란치스꼬는 "내가 신호를 주면 알 걸세. 이제 거룩한 순종으로 명하니 형제가 발을 딛고 있는 바로 그 자리에서 아이들이 하듯이 빙글빙글 돌되 내가 말하기 전에는 어떤 방향으로도 멈춰 서지 말아야 하네" 했다.

그러자 맛세오 수사는 빙글빙글 돌기 시작했는데 얼마나 돌았던지 머리가 어지러워져 몇 번이나 땅바닥에 쓰러졌다. 그래도 성 프란치스꼬는 그만 멈추라는 말이 없고 그는 충실하게 순명하느라 도로 일어나곤 했다.

마침내, 세차게 돌고 있는데 성 프란치스꼬가 "그대로 멈추고 더는 움직이지 말게" 하는 것이었다.

그가 멈추어 서자 성 프란치스꼬는 "얼굴이 어느 쪽으로 향해 있나?" 하고 물었다.

맛세오 수사는 "시에나 쪽입니다" 하고 답하였다.

성 프란치스꼬는 "그 길이 바로 하느님께서 우리가 가기를 원하시는 길이지" 하고 말하였다.

그 길을 가면서 맛세오 수사는 자기를 어린애처럼 하라고 성인이 시킨 노릇에 대해 자못 의아하게 여기면서 속으로 투덜거렸다 ….

그래도 그처럼 이상야릇한 방법과 그토록 어린이 같은 정신으로 내린 이 선택에 하느님께서 정말 간여하셨다는 걸 맛세오 수사가 두고두고 깨달았으리라고 저 프란치스꼬는 말하고 싶네요.

시에나에서는 적수가 된 패들이 서로 칼질을 하고 있더군요.

저희들이 도착하자 그래도 저희들에게 귀를 기울여 주기에 순박하고 열정적으로 이야기를 했지요.

하느님께서 나머지는 해 주셨고 시에나에서는 그날 평화가 이루어졌어요.

✳

형제들 앞에 세운 또 하나의 표징도 있었어요. 그것은 도둑까지 포함한 모든 사람을 온유하게 대하기를 잊지 말라는 뜻에서였지요. 신축한 지 얼마 안 되는 몬테 가살레 수도원에서 있었던 일인데 거기 원장으로는 아뇰로라는 이름의 귀엽고 자그마한 수사를 임명했었어요.

그 고을에는 세 놈의 도둑들이 돌아다니고 있었는데 하루는 수도원을 덮쳤지 뭐예요.

아뇰로 수사는 그들을 알아보고는 적당한 욕설을 퍼부으며 쫓아 버렸더군요.

때마침 프란치스꼬 저는 탁발해서 얻은 빵과 큼직한 포도주병을 가지고 그곳에 도착했어요. 그런데 아뇰로 수사가 도둑들을 어떻게 쫓아 버렸는지 알게 됐던 거예요.

저는 그를 꾸짖었어요. 하느님은 무엇이든 해내신다는 것과 우리는 도둑들마저도 단죄해서는 안 된다는 걸 명심하라고요.

"자네는 애덕과 그리스도의 성스러운 복음을 거슬러 행동했으니 거룩한 순종의 이름으로 명하네. 즉시 내가 구걸해 온 이 빵 자루와 포도주병을 들고 그이들을 얼른 뒤쫓아 가게. 산을 넘고 골짝을 거쳐서라도 그들을 찾을 때까지 따라가서 이 빵과 포도주를 내 이름으로 드리게. 그런 다음 그이들 앞에 무릎을 꿇고 자네가 무정하게 굴어 잘못했다고 말하고 나서, 이제 더는 나쁜 짓을 하지 말고 하느님을 두려워하고 이웃을 괴롭히지 말아 달라고 내 이름으로 부탁하게. 그이들이 그렇게만 한다면 그이들의 구차한 형편을 도와주기로 내가 약속한다고 전해 주게나."

아뇰로 수사가 프란치스꼬의 분부를 실행하러 가고 있는 동안 성인은 기도에 잠겨 저 도둑들의 마음을 누그러뜨려 참회로 돌아서게 해 주십사고 하느님께 빌었다.

그리고 그대로 이루어졌다.

✳

표징을 세우기.

우리에게 와 닿고, 진리와 아울러 사랑을 새로이 일깨워 주는 표징을 정하기.

전례는 그 전부가 하나의 살아 있는 표징, 보이지 않

는 세상을 밝혀 주는 표징이지요.

부활초를 켜는 것은 돌아가시고 부활하신 그리스도의 현존의 표징이고, 교우 공동체는 이 표징을 통해 당신 자신을 다 사르면서 빛을 주시는 예수님을 기억하지요. 마찬가지로 우리는 돈을 경멸하는 표징을 세워 형제들이 우상으로부터의 진정한 해방을 깨닫도록 도와주지요.

미사 때 성체의 표징 앞에 여러분이 겸손되이 엎드려 하느님 앞에 자신이 얼마나 보잘것없는지를 깨닫는 신앙을 나나 남에게 일깨우듯이, 겸손한 마음으로 받아들인 설교의 표징 역시 우리네 형제들에게 순명의 참뜻을 일깨워 주는 거지요.

표징을 세우기.

우리는 그 시대에 즉시 자선의 표징을 세웠어요.

이에 더하여 우리의 수도생활을 위해 노동의 표징도 즉시 세우고 싶었지만 상황이 허락하질 않았어요. 그 당시 노동은 일종의 사치였으니까요.

여러분이 오늘날 은행에서 일자리를 갖듯이 그런 유급 노동 말입니다.

가난한이들에게 다가가기 위해서는 탁발의 거지 행각을 할 수밖에 없었고 우리는 그 길을 기꺼이 받아들였지요.

이 표징을 세움으로써 우리는 교회에 그리고 거지들

에게 어디에 문제가 있는지를 말한 거예요. "용기를 냅시다. 우리 여기 있어요, 여러분과 연대하면서."

하지만 오늘은 그 표징이 적절하지 않아요. 양식 있는 형제라면 그 누구도 구걸하러 나설 필요를 느끼지 않을 거예요. 들녘에는 일손이 딸리는데.

노동으로 얻을 수 있는 빵을 자선으로 베풀어 달라고 한다면 말이 안 되고 도리어 빈축을 사겠지요.

그렇기 때문에 가난한이와 노동을 사랑하는 이들이 오늘 세울 만한 좋은 표징은 역시 노동이에요. 그것도 힘들고 더럽고 보수가 적은 노동.

신부님네 중에는 육체노동에 대해 아직도 딱 질색인 분들이 적잖이 있으니 정말 한심하네요.

하지만 어쩌겠어요.

고귀하고 성스러운 직무에 노동은 아예 어울리지 않는다는 식의 교육을 받은 분들이니, 어쩌겠어요.

이건 과거의 마지막 남은 찌꺼기 중 하나예요. 그리스 사람들도 육체노동을 멸시했고 부르주아 계층도 피로와 남루한 옷을 좋아한 적이 없지요.

우리 시대의 어느 몬시뇰은 등에 봇짐 지고 길에 나가거나 집 짓는 공사판에서 막일하기를 무척 부끄러워했다더군요.

어처구니없는 건 성직자들 간에 그리스도께서 노동자 출신이라는 사실을 너무나 쉽사리 잊어버리고, 걸핏

하면 "사제가 노동하는 건 좋지 않다"고 주장하는 부조리지요. 이건 심각한 노릇입니다. 마치 "예수님이 목수라서 안 어울린다!"는 소리나 다름없으니까요.

이 말은 프란치스꼬 제가 아무런 악의도 없이 하는 말입니다!

✼

우리 수도원들이 즉시 세운 또 하나의 표징은 고통받는 이들의 도피처, 보호소, 구제소의 표징이지요.

난민이 성당 안으로 피신하면 아무도 감히 그들에게 칼부림을 못했듯이, 가난한이들에게는 수도원이 곧 빵과 위안과 우정을 찾을 수 있는 은신처였어요.

이것은 우리의 진정한 영예이었고 온 교회에 이 점을 환기시켜 변모시켰다고 할 수 있어요.

그것은 오늘까지도 유효하지요.

그리스도인은 집마다, 수도원마다, 주교관마다 고통받는 사람들을 맞아들일 수 있는 문을 하나 열어 두었으면 해요.

또 그 문이 되도록 눈에 띄었으면 좋겠는데 그렇다고 너무 화려한 방들이나 어마어마한 층계 등으로 가난한 이들이 주눅 들지 않아야겠지요. 그런 것들은 겸손과 진리의 표징이라기보다 위세와 권력의 표징이니까요.

*

한때 철없는 열기에 바티칸을 내다 팔아 가난한이들에게 주어 버렸으면 하는 꿈도 가끔 꾸었는데, 교회가 정말 실천으로 복음 선포를 뒷받침하기 시작해야 한다고 말할 수 있기 위해서 그랬지요.

그런데 저도 이제는 제법 성숙해져서 커다란 수도원을 보고도 걱정을 하지 않듯이, 바티칸을 한바퀴 둘러보아도 더는 화를 안 냅니다.

그렇긴 해도 팔 세기 전이나 지금이나 다를 바 없이 형제들 앞에 세워 놓은 표징들과 그 효력에 대한 저의 신념은 여전해서 여러분에게 한마디 더 하렵니다.

이번에도 무슨 논란을 벌이자는 건 아닙니다.

여러분이 순례자로 로마에 가서 저 아름다운 대성당들 안으로 들어가 기도도 하고 예수님 음성을 듣는 마음으로 교황님 말씀도 들으려고 왔다고 상상해 보십시다.

그런데 와 보니 ….

'종鐘들의 문' 너머

'청동 문' 너머

'성녀 안나 문' 너머

박물관 입구 저 너머에

하나의 자그마한 문이 있어 거기 이런 말이 쓰여 있는 것을 보면 얼마나 좋으시겠어요.

"고생하며 무거운 짐을 지고 허덕이는 사람은 다 나에게로 오너라. 내가 너희를 편히 쉬게 하리라."

그리로 들어가서 소박하고 청빈하면서도 푸근하고 편안한 곳이 있어, 거기서 남자를 만나든 여자를 만나든 하나의 살아 있고 가난한이에게 열려 있는 교회라는 느낌을 준다면.

그렇다고 바티칸이나 여러분의 사업이 애덕이 없다는 말은 아니에요.

모든 것이 애덕의 실행이라고 해야겠지만 종종 안 보이는 건 그 표징이지요.

또 있다면 그 표징이 너무나 거창하고 두드러지고 능률적이어서 가난한이들이 알아들을 수가 없어요. 교황 대사니 라디오 방송국이니 대성당이니 왕년의 추기경 저택이니 ….

오늘의 인류는 작아도 구체적이고 재치있으며 무엇보다도 직접적이고 힘차고 한결같은 실제 사랑에서 우러나오는 표징들에 민감한걸요.

보이티와 교황님을 보세요. 군중 위로 아기를 들어 올리고, 땅에 입을 맞추느라 몸을 굽히고, 고통의 현장에서 눈물을 흘리고, 아프리카 어느 오두막이나 남미의 빈민촌을 찾아드는 그는 그 자체로 설득력 있는 표징들을 세우면서 가난한이들과 통하고 있어요.

안 그런가요?

그래서 말씀인데, 제가 혹시 어떤 순례단 속에 숨어 로마에 가게 된다면 그 이름난 성벽에 이 아씨시의 프란치스꼬 저에게 알맞은 자그마한 문이 혹시 하나 뚫려 있나 찾아볼 생각이에요.

10

비폭력의 우위

프란치스꼬 제가 어쩌다 저 자신에 관해 여러분이 제 사후에 쓰신 풍부하고도 안목 높은 글들을 읽다 보니 『잔 꽃송이』 이야기들이 제일 마음에 들더군요.

그 안에서는 편안함을 느껴요.

어떤 경우는 저자가 이야기하는 일들이 바로 그렇게 벌어졌었는지 아니면 약간 과장됐거나 아예 꾸며 낸 것인지 잘 모르겠더라구요. 그렇지만 그게 무슨 대수 겠어요.

어쨌든 마음에 들어요.

그대로 일어난 일이 아니더라도 그렇게 이야기해 놓은 게 아름답고 좋기만 하네요. 저는 그 이야기들을 모두 다 받아들여요. 왜냐하면 비록 여러분이 마음이 좋아 예쁘게 수정해 놓은 사진이라 해도 역시 비폭력의 사진이고, 저로서는 받아들이는 게 영예이며 저를 이해해 주신 데 대해 고마울 따름이에요.

그래요. 저는 비폭력적인 사람이었고 저에게도 『잔꽃송이』는 여러분에게 그렇듯이 하나의 아름다운 꿈이에요.

알고 보면 우리는 누구나 그처럼 사랑과 겸덕의 부드러움으로 평화로워진 세상을 꿈꾸고 있지요.

그렇지 않나요?

여러분 중에 굽비오의 늑대 이야기[11]를 듣고 혹 비웃는 분도 있겠지요. 그러나 그분이 어린 아기였다면, 정말 아기였다면, 굽비오에 눈이 내려 춥던 그날 아침에 제가 해결한 그런 식으로 문제를 풀기를 틀림없이 원했을 거예요.

사람들의 폭력에 쫓겨 굶주리는 고생을 하던 그 늑대 이야기 이면에 인류의 얼마나 많은 꿈들이 있었는지.

형제 여러분, 저도 여러 해 전 어린 시절에 그런 사건을 꿈꾼 적이 있었어요. 당시 그 사람들은 저더러 아펜니노[12]▶ 산에서 굶주린 늑대들이 내려와 양 떼를 해친다고 했어요.

---

[11] 사납고 굶주린 늑대에게 굽비오 주민들이 끼니를 대주도록 성인이 합의시켜 서로 화평한 이야기 — 역주.

예수님의 손길을 알게 된 이상 제가 무엇이 무서웠겠어요?

그림_NORBERTO

그것은 제가 아직 그리스도를 모르던 무렵이었어요.

그런데 꿈에 쓰다듬을 손 말고는 아무런 무기도 없이 제가 그 맹수를 만나러 간 거예요. 그랬더니 맹수가 멈추어 섰더라고요. 예수님의 따뜻한 손길을 알게 된 제가 더 이상 무엇이 무서웠겠어요?

낫으로 무장하고 나서야 했겠어요?

아무리 늑대 피라 할지라도 제가 굽비오의 바위 위에서 피를 보려고 해서야 되었겠어요.

아닙니다. 형제 여러분, 겁을 먹었던 건 아니에요.

굽비오의 늑대 사건에서 눈여겨보아야 할 대목은 늑대가 순해졌다는 사실이 아니라, 굽비오의 마을 사람들이 추위에 떨며 굶주린 늑대가 다가오는 걸 보고 낫과 도끼를 들고 달려들지 않고 오히려 음식 덩어리와 뜨듯한 죽을 들고 서둘러 달려갔다는 사실이에요.

이게 바로 사랑의 놀라움이 아니겠어요. 창조 세계가 아버지 하느님께서 계획하신 하나의 전체를 이룬다는 진리를 발견하는 것. 그리고 하느님 아버지처럼 그대도 아무런 무장도 하지 않고 평화로운 모습으로 다가간다면 창조가 그대를 알아보고 미소 짓는다는 것.

이것이 바로 제가 여러분에게 그토록 열 올리며 제시하고자 하는 비폭력의 원리입니다.

◀12 우리나라 백두대간처럼 이탈리아 동쪽에 남북으로 뻗은 산맥 이름 — 역주.

오늘 같은 애매한 상황에서 가난에 대해 지나치게 이야기하지 마시라고 말씀드렸지요. 부르주아 풍조와 사회주의 문화가 동시에 여러분을 에우고 있는 마당에 자신의 입장을 해명하기도 어려우니 말입니다. 그보다 제가 강력히 권하는 것은 여러분이 비폭력을 말하고 비폭력의 사도가 되고 스스로 비폭력적이 되시라는 겁니다.

때는 왔어요. 어쩌면 마지막 때가 왔어요. 여러분은 폭탄 더미 위에 앉아 있고 그게 언제 터질지 몰라요.

위험을 너무 가볍게 보지 마세요. 이 세기가 다 저물기 전에 어지간히 고통을 당하시리라는 뚜렷한 예감이 드는군요.

대비하는 게 상책이겠지요. 사람들의 회심을 희망하는 것은 더욱 낫겠지요.

저 니니베도 회개하고 구원받지 않았던가요.

제 말 좀 들어 보세요.

오늘날 비폭력의 원칙은 모든 사람이 다 받아들였어요. 그것은 명백하고 단순해요. 정말이지 그 힘으로 이 세상의 모습을 바꿀 수 있어요.

오늘날 인권에 대해서도 많은 말들을 합니다. 그건 옳은 일이지요.

그런데 인간의 첫 번째 권리는 아무에게서도 폭력을 당하지 않는 거예요. 평화롭게 지내는 거예요.

이 원칙은 성경 전반에 걸쳐 있고 여러분은 그것을

살아내고 관철해야 하지요.

다만 그것은 멀리서, 아주 멀리서부터 시작하는 것임을 말씀드려야겠어요.

비폭력은 우선 자연과 하늘과 바다와 광맥과 삼림과 공기와 물과 집과 두루 상관되어요.

이 모든 것이 우선 폭력을 당하지 말아야 하는데 불행히도 여러분은 이미 광범하게 폭력을 행사했으니 구제될 수 있을지 잘 모르겠네요.

숲을 망가뜨리고 바다를 더럽히고 마치 강도처럼 온갖 것을 다 약탈했으니.

자연에 대해 여러분이 행하는 폭행은 한계를 모르는군요.

만약 하늘의 법정, 바다의 법정, 광물의 법정이라는 게 있다면 여러분은 모두 다 아니면 거의 모두 사형 선고를 받을 거예요.

어쩌면 이런 법정이, 눈에 보이지는 않더라도, 아마 있을지도 모르죠. 아니나 다를까 이미 죗값을 치르고 있지 않나요?

공기는 숨을 쉴 수가 없게 되고 음식은 점점 나빠지고 암은 여러분을 어김없이 공격하고.

이제 거의 모든 걸 다 파괴해 놓고는 여러분이 저를 '환경보호의 성인'으로 지명했는데 벌써 너무 늦었다고 시인하셔야겠지요.

무엇을 할 수 있을지 모르겠네요.

고질적인 문제는 통치하는 이들이 언제나 같은 사람들이라는 거지요. 권력가, 부자, 직업 정치가.

정부에 작은 사람들, 순진한 사람들, 시인들을 임명해 보면 어떨까요.

하지만 누가 시인들을 믿겠어요?

아직도 밤하늘의 별들을 쳐다볼 줄 알고 숲 속의 마른 잎 아래에 매달린 풍뎅이를 들여다보느라 한 시간을 보낼 줄 아는 사람들, 오월달 밀밭에서 반딧불이를 보면서 꿈꿀 줄 아는 그런 사람들에게 정부를 맡겨 보시지요.

이런 이들이 인간의 문제들을 더 잘 볼 것이고, 적어도 못된 짓은 안 할 테니까요.

이제 더는 견딜 수 없는 한계에 다다른 겁니다. 투덜댈 이유가 없어요. 무지한 여러분인걸요.

여러분은 천연자원을 다 써 없애고 엄청난 자본을 소비하는 기계들은 끝없이 만들어 내면서 정작 이 세상의 참된 부가 거기 있는데도 모든 게 다 무너져 가고 있는 시골에서 일하고 있는 이들에게는 아무런 도움도 주지 않고 있으니.

여러분은 도시에서 일자리를 못 얻어 삶에 싫증나고 자신을 잃어 가는 대학 졸업자는 마냥 배출하면서, 건설적이고 순수한 일, 공예와 농업 같은 일을 사랑하고 돈보다는 제대로 잘 만든 물건이나 온전한 빵 한 덩이를 더 사랑할 줄 아는 젊은이들을 길러 낼 생각은 안 하고 있으니.

여러분이 바른길에서 벗어나 있다는 것을 확인하려거든 자신의 슬픔을 잘 살펴보면 알 거예요.

그 슬픔이 여러분이 얼마나 빗나갔는지를 말해 줄 거예요.

여러분은 아주아주 슬프거든요.

기쁨은 여러분 집에서 멀리 떠났나 봐요. 어찌 보면 너무 잘 지은 집인데도 따뜻한 정이 없고 특히 유머가 없어 썰렁하니.

여러분은 무척이나 열심히 일을 했으니까 적어도 그 노고의 대가로 얼마만큼의 평온은 마땅히 누릴 자격이 있는데 말이에요.

그런데 사정은 어떤가요?

가탈은 모든 것을 돈이라는 잣대로 계산하는 데에서 나는데, 이건 잘못된 거지요.

자본주의도 자유주의도 오직 돈을 그 행동의 바탕으로 삼고 있는데, 그러다가는 결국 참변을 맞고 수치를 당해 죽고 말 겁니다.

어떻게 보면 마르크스주의는 돈 대신 노동을 내세우면서 더 나은 길로 들어선 듯했지만, 이 또한 인간은 거의 이해하지 못한 노선이었지요.

인간에게 폭행을 가하고 역시 슬프고 괴로운 체제를 꾸며 냈지요.

그런가 하면 사회주의 세상을 돌아보아도 별 기쁨이 없기는 마찬가지예요.

뉴욕이나 도꾜 거리에서마저 편하게 숨쉬기가 어렵기는 마찬가지이니.

이만하면 적어도 여러분이 실수를 범했고 계속 범하고 있다고, 자신이 사고뭉치라고 인정해야 하지 않겠어요? 그건 돈에 쉽사리 몸이 팔려 버리는 것만도 못한 노릇인데.

안 그런가요?

여러분의 근본적인 잘못은 가치체계의 맨 꼭대기에 돈을 올려 놓은 거지요. 진리와 사랑 대신에.

실제로 여러분이 시행착오는 전혀 걱정하지도 않고 자연을 마구 약탈하는 것은 돈 때문이고 그 잘못의 결과는 지금 여러분이 당하고 있듯이 바로 여러분을 덮칠 겁니다.

하지만 이미 저지른 잘못만 캐내는 것은 쓸모없는 일이에요.

그보다는, 사람 마음이 바뀌기란 쉽지 않지만, 그래도 미래로 눈길을 돌리는 게 더 쓸모 있을 거예요.

예레미야는 말했어요. "사람의 마음은 고칠 수 없다"고.

제가 여러분 처지에 놓였다면, 제가 무슨 경제학자도 아닌 터에, 오 개년 계획 따위는 세울 줄도 모르는 무식한 한 사람의 직관 따라 인간의 안녕과 자연의 현실만을 바라보겠어요.

일단 농촌을 우선시하고 도시를 으뜸 실수로 여기겠어요.

이탈리아의 도시, 브라질의 도시들 … 그들 모두가 외곽에 몰려 비인간적인 삶을 사는 인간들의 저토록 끔찍한 광경을 보여 주고 있지 않나요?

그건 정부들이 농촌을 도와주지 않고 있기 때문에 자기네들만 따로 버려져 살까봐 겁이 나서 팔자를 고쳐보려는 모습이지요.

정부들이 시골에 사는 사람들에게 최소한의 도움이라도 주고 그들이 인간답게 살 수 있게 해 준다면 아마 대부분은 그대로 남아서 농사를 지을 거예요. 결국 농토가 모두를, 도시에 사는 사람들까지도, 다 먹여 살리고 있는 터에.

여러분이 거쳐 온 마지막 시대, 즉 기술 시대는 대규모 이농을 체험했는 데 반해 제가 꿈꾸는 비폭력 시대가 온다면 도시에서 탈출하여 떼 지어 시골로 되돌아가는 것을 보게 될 거예요.

농민들은 단지 나무들을 살리고 도랑을 쳐내어 땅이 무너지지 않게 지키는 일만으로도 살 수 있도록 도움을 받아야 해요.

대지를 정원으로 만들면 에덴동산이 된 대지가 여러분이 찾고 있는 것을 베풀어 줄 거예요. 빵과 평화를.

혹 어떤 젊은이가 오토바이를 팔아 자전거를 사면 그에게 상을 주어야지요. 어느 시골집이 풍차를 돌리거나 폐기물을 태워 발전하는 법을 배운다면 신문에 기사를 내어 칭찬하세요.

그뿐만이 아닙니다.

초원을 함부로 오염시키거나 꼭 필요하지도 않은데 나무를 마구 베는 자는 잡아 가두어야 합니다.

혹 꽃을 짓밟거나 도마뱀을 괴롭히는 아이 녀석이 있으면 저녁을 굶겨 잠자리에 들게 해야 하고, 죠이아 타우로[13] 평야의 올리브 밭을 파괴한 정치권 인사들은 월급이나 자리를 잃게 해야겠지요.

그러다 보니 『잔 꽃송이』에나 나올 이야기를 늘어놓고 있어, 여러분은 그저 미소만 지으면서 믿어 주지는 않겠군요.

저는 꿈쟁이여요.

저는 아씨시의 프란치스꼬예요.

이제 환경 이야기는 잠시 접어 두고, 폭력 문제에 있어 정말 책임이 있고 세상에서 유일하게 문제를 일으키는 존재인 인간으로 돌아갑시다.

굽비오의 늑대 이야기를 왜 여러분이 재미있어했을까요?

이야기를 워낙 구체적이고 상세하게 해서 그랬을까요?

흥미는 있어 하시지만 미소만 짓고 있지 않나요? 결국 안 믿는 거지 뭐예요.

그 이야기에서 여러분이 안고 있는 문제의 해법을 엿보기는 하면서도 동시에 쓰다듬어 주었다고 늑대가 순해질 가능성은 한갓 몽상쯤으로밖에 안 보이지요?

그래도 말씀드렸지 않아요.

그날 아침 굽비오에서 일어난 기적은 늑대의 회개가 아니라 굽비오 마을 사람들의 회개라고요. 피를 흘리는 무기 대신에 음식을 내다 주는 것으로 늑대와 겨룰 수 있다고 어느 순간 믿게 된 주민들의 회개가 그 기적이지요.

여기 만사의 비결이 있어요.

다름 아니라 이것이 바로 인간에 대한 하느님의 계획 전체에 감춰진 비결이지요.

불가능을 가능하다고 믿기.

모든 희망을 거슬러 희망하기.

사랑스러워 보이지 않는 것을 사랑하기.

하느님께서 인간에게 하시는 모든 제안은 바로 이 신비의 너울에 싸여 있고 이런 물음으로 요약되는 거예요.

그대는 믿을 수 있는가?

그대는 바랄 수 있는가?

그대는 사랑할 수 있는가?

그렇다고 답하면 그대에게 불가능을 선사하겠다.

그대는 하느님이 존재하신다고 믿을 수 있는가?

그렇다고 답하면 하느님은 존재하실 것이고 그대는 그 존재를 믿음으로 깨달을 것이다.

그대는 모두가 구원되리라고 믿을 수 있는가?

그대는 그대 자신이 진리와 평화와 사랑의 나라를 위해 천명天命을 받기를 바랄 수 있는가?

그렇다고 답하면 그대가 기쁨으로 미소 짓고 그대를 기다리는 낙원을 지어 주마.

그대는 내가 인간을 사랑한 나머지 죽기에 이르도록 그를 섬겼듯이 그렇게 인간을 사랑할 수 있는가?

그렇다고 답하면 그대가 하느님을 체험으로 알게 해 주리니, 사랑이 그대를 사랑인 그분께로 이끌어 주겠기 때문이다.

✳

굽비오의 늑대 이야기는 아기들 잠이나 재우려는 이야기가 아니에요. 그건 인간들을 구원해 줄 가장 놀라운 진리예요. 특히 오늘 온 인류가 엄청나게 비축한 핵폭탄 위에 올라 앉아 있는 마당에.

인간은 누구나 다른 인간에게서 늑대의 모습을 보지요.

그 상대 앞에서 겁을 집어먹고 냉정을 잃으면 모든 게 끝장이에요. 남는 건 총질밖에 없어요.

그러니까 여러분이 처한 위험은 미국이나 러시아의 못된 마음이 아니에요.

여러분이 안고 있는 위험은 서로가 서로를 무서워하는 그 두려움이에요.

저는 러시아 사람들과 미국 사람들을 제법 아는데 그들이 대학살을 저지를 마음은 전혀 없다고 보아요.

반면 인간에 대해서도 알 만치 아는데 공포에 싸이면 상대방이 먼저 파괴의 단추를 누를까 무서워서 자기부터 그 단추를 먼저 누르려고 덤빌 거예요.

이제 인간이 자기 재능으로 원하던 것을 갖게 되고 기술로써 예전의 한계를 극복하자 진리가, 유일한 진리가 거기 나타났는데, 곧 악과 폭력은 남에 대한 두려움 안에 있다는 진리가 그거예요.

인간이 전쟁을 한다면 그것은 누군가를 두려워하기 때문이에요.

두려움을 거두고 그 자리에 신뢰를 심으면 여러분은 평화를 누릴 거예요.

비폭력은 두려움을 깨는 데에 있어요.

그래서 여러분에게 프란치스꼬 제가 다시 말씀드립니다. 제가 그날 아침 미소를 지으며 늑대를 향해 갔듯이 여러분도 두려움을 이기는 법을 배우세요.

저 자신을 이기면서 저는 늑대를 이겼어요.

저 자신의 나쁜 본능을 다스림으로써 늑대의 나쁜 본능을 다스린 거지요. 저부터 늑대를 신뢰하도록 애를 썼더니, 그도 저를 신뢰하더군요.

저의 이 용기가 평화를 이루어 낸 겁니다.

✳

나머지는 여러분 스스로 미루어 알 수 있겠지요.

한 가지 잘 생각해 보세요. 어느 날 여러분이 비폭력적이 되어, 자신을 두려움에서 지키느라 쓰고 있는 거액의 자본을, 지금 두려워하고 있는 바로 그 사람들을 위해서 쓰게 된다면 어떤 일이 일어날 수 있을지 곰곰이 생각해 보세요.

지금 실직과 마약으로 슬픔에 빠져 있는 여러분의 젊은이들이 제3세계를 누비고 다니는 임무에서 기쁨과 사명감을 맛보게 된다면, 여러분은 남의 문제들뿐만 아니라 여러분 자신의 문제들을 해결할 겁니다.

　그렇게 되면 평화가 무언지 알게 될 거예요.

　지나친 기대일까요?

　저 아씨시의 프란치스꼬가 여러분에게 말씀드립니다. 용기를 내세요!

11

어두운 밤

세월이 지날수록 저는 숨어 살 길을 찾았어요.

저의 이런 사정을 처음에는 의사들 말대로라면 기운을 빼는 당뇨로 인한 심한 안질의 탓으로 돌렸지요. 그러나 나중에는 저의 초라한 삶 전체를 엄습하는 다른 무엇이 있다는 걸 알게 되었지요.

그것은 마치 겨울이 제 안으로 스며든 것과 같았어요.

저는 더 이상 무엇을 꼭 보고 싶은 마음도 없어졌어요. 오죽하면 해님조차도 예전처럼 제 관심을 끌지 못했어요. '지존하신 님'을 가리키는 그 빛이 수천수만 번 제 눈동자에 들어왔었건만 이제 더는 말이 없어졌어요. 해님이 이제는 내 안에 있으면서 그대로 어둡다는 느낌이 들었어요.

저는 거의 언제나 눈을 감고 기도하곤 했는데, 그런 가운데 특히 형제들 중에서도 가장 원숙한 이들이 피정을 위해 동굴을 찾고 또 동굴보다도 한밤의 어둠을 더 찾는다는 것이 점점 이해가 갔어요.

제가 하느님과 이야기하는 데 가장 편안한 환경이 빛이었다면, 이제는 어둠이 그 아득한 신비로 저를 끄는 것이었어요.

말도 침묵에 자리를 내주고, 혹 돌아오면 거듭되는 것들의 율동을 타 숨결과 심장 박동에 맞추어졌어요.

"나의 하느님, 나의 전부"라고 저는 되뇌고 또 되뇌었지요.

정말 그것만이 제가 할 수 있는 한마디 말이었어요. 저는 그만큼 괴로움에 시달리고 있었어요.

또 그럴 만한 까닭도 있었지요. 저의 그 쾌활하던 일행이 잘못되고 있었거든요.

저의 영적 가족에 분열이 일어났던 거예요.

가난 부인의 기사들이 자기 정배를 갈수록 배신하고 있었던 거예요.

저는 더 이상 형제들을 위하여 아무것도 할 수 없다는 느낌이 들었어요. 모든 것을 그르치고 세월은 저의 꿈이 물거품이 되게 할 것만 같았어요.

날이면 날마다 형제 중 누군가가 찾아와 회칙을 바꾸

는 게 낫지 않겠느냐, 또는 상식대로 살아야 하지 않느냐고 말하는 거였어요.

저는 오막살이집을 원했는데 제 주변에 세워지는 수도원들은 점점 더 성채를 닮아 갔어요.

아무것도 챙겨 두지 않는 새들처럼 살기를 그토록 원했는데 창고들은 점점 더 커져만 갔어요.

지네프로, 맛세오, 레오네, 에지디오 같은, 하느님의 참다운 양들이며 물처럼 천진한 그런 동지들을 찾고 또 사랑했는데, 우리 회에 이젠 배운 것도 많고 약삭빠른 이들이 갈수록 많이 들어오더군요.

더는 견딜 수가 없었어요.

위로받으려고 성 다미아노 성당으로 갔어요. 거기서 완전한 가난으로 살고 있는 글라라를 찾아가곤 하면 이 투쟁에서 끝까지 버티라는 조언으로 힘이 되어 주기도 했지만, 제 기력이 점점 쇠하여 사태의 추세에 저 자신이 뒤엎이는 느낌이었어요.

저를 몹시 괴롭힌 것은, 교회에서 누구보다도 양식 있는 분들이 완전한 가난의 회칙에 따라 산다는 것은 불가능하다는 의견에 동조하고 있다는 사실이었어요.

그건 마치 이 세상에서는, 제가 식구들에게 늘 말했듯이, '손을 대지 않고' 있는 그대로의 복음을 살 수는 없다는 소리로 들렸으니까요.

제게는 그 소리가 예수님께 대한 배반으로 들렸고 그

분 말씀을 의심하는 것으로 여겨졌어요.

한번은 성탄을 앞두고 가난하고 가난한 예수님의 일생을 다시 생각해 보려고 그렛치오라는 곳에 베들레헴의 동굴 모습을 실제로 꾸몄어요.

보세요, 저는 모두에게 말했지요. 어서들 보세요, 가능하지 않아요? 예수님은 몸소 이렇게 사셨어요. 하느님이 가난해지셨어요. 약하고 작아지셨어요. 역사에서는 버림받으면서 오직 하느님만을 믿으셨어요.

보세요, 어서 보세요, 가능하다니까요. 하느님 스스로 이렇게 사셨으니까요!

그러나 대부분 사람들은 그저 감상에 젖기나 하고, 이 모든 것이 자칫 시비로 끝날 것만 같았어요.

실제 상황을 놓고 우리를 이끌어 줄 상식이 제게 있어야 하지 않겠느냐는 거였어요. 이것 봐요. 프란치스꼬, 겨울을 나려면 식량을 재 두어야지요. 이것 봐요, 프란치스꼬, 이 수도원 건물은 증축해야 해요. 최소한의 조심성은 있어야지요. 그리고 책이 있어야 돼요, 많은 책이.

형제들은 더 배워야 돼요.

복음만 읽는 걸로는 부족해요!

어쩌면 다 옳은 말이었는지도 모르지만 저는 더 이상 견딜 수가 없었어요.

제 나름으로는 예수님 말씀을 다른 식으로 생각하고

살았기에 이 후렴이 귓전을 떠나질 않더군요. "하늘의 새들을 보아라 …."

꿈꾸던 이상을 의심하고, 복음적 가난을 문제 삼고, 형제들이 세속의 지혜로 지혜로워지는 것을 바라본다는 것은 못 견딜 노릇이어서 저는 속이 타 들어갔어요.

제 일생에서 가장 아름다운 꿈이 깨지는 것을 지켜보는 고통은 아픈 눈으로 해서 받는 고통보다 훨씬 더 쓰라렸어요.

저에게 고통을 준 또 하나의 원인은 교회의 신비가 어처구니없이 정치투쟁에 휘말려 들고 있는 거였어요.

저는 그리스도인을 예수님의 온유로 드러내는 증인으로, 도살당해도 소리 지르지 않는 어린양의 충실한 추종자로 보았는데, 제가 말씀을 선포하러 찾아다닌 성이나 도시 어디서나 쇠방패에 붙인 십자가와 교회를 수호한다는 명분으로 날을 세운 칼들만이 눈에 띄었어요.

불쌍한 교회!

그리스도의 가련한 정배!

아니 교회 자신이 무장을 하고 불신자를 치겠노라고 십자군 출전을 재촉하면서 권력자들과 결탁하고 그저 승리에만 급급하다니.

심지어 형제들까지도, 우리의 사명은 마음이 착하고 겸손해야 한다고 제가 그토록 자주 타이르던 제 동료들마저도, 십자군으로 나가기를 꿈꾸는 이들이 있었으니. 이들은 이슬람교도들에게 칼 들이대기를 서슴지 않았을 거예요. 그것도 그리스도의 무덤을 해방시킴으로써 하느님께 영광을 드린다는 구실로.

아무리 그리스도의 무덤같이 유명한 무덤이라도 복음서에 이를 해방해야 한다고 어디 써 있던가요?

그게 아니라, 정치가 만사를 가리고 있었고 권력 앞에서처럼 정치 앞에선 모든 것이 다 양보해야 했던 거예요.

그런 마당에 저의 비폭력 이상은, 어린양처럼 되어 사람들을 만나러 가야 한다는 꿈은, 점점 더 깨지고 있었어요.

그 북새통 가운데서 저는 이집트로 길을 떠나려고 시도했어요. 그건 말렉-엘-카멜 술탄을 만나러 가기 위해서였지요. 저 자신과 남들에게 비무장 상태로 적장을 만나러 가기를 두려워할 필요가 없음을 보이기 위해서라도요 …. 하지만 실패했어요.

대접은 잘 받았고 성한 몸으로 집에 돌아오기는 했지만 그런 건 관심 밖이었어요. 평화를 맺기를 원했었는데 ….

저는 패배했어요. 패배, 패배.

✱

그러나저러나 제게 있어 쓰디쓴 맛이 도를 넘은 것은 수도회 안에서 일어난 분열을 지켜보는 일이었지요. 이제는 개혁하자는 파와 회칙에 충실하자는 파 사이에 내분이 노골적으로 터져 나오고 만 거예요.

회칙에 관해 벌어진 논쟁 앞에 저는 어찌할 바를 몰랐어요. 저에게는 일치가 전부였는데. 일치는 무엇보다도 은총의 표징이었고, 하느님께 대해 충성을 다하려는 우리의 노력에 대한 하느님의 자애로운 보답이었으니까요.

저희들 사이의 분열을 보고, 복음 말씀을 애매하게 둘러대고 초창기의 단순함에서 멀리 벗어나는 것을 지켜본다는 것은 죽을 노릇이었어요.

정말이지 제가 그 무엇보다 아끼며 마음을 두던 바로 저의 가족 위에 밤의 어둠이 내린 느낌이었지요.

1221년 5월 달에 천막을 치고 연 총회에는 5천 명이 넘게 참석했는데, 거기서도 다수의 승리가 저를 더욱 불편하게 했지요.

저는 수도회를 이끌어 나갈 수가 없음을 느끼면서도 그 현장에는 있기를 원했던 거예요.

다행히도 저는 곁으로 밀려나고 엘리아 수사가 총장으로 임명됐어요.

이 일은 저에게 당장은 위로가 되었는데 그건 책임의 무게를 덜었다는 느낌 때문이지요. 그러나 그 평온함도 얼마 가지 못했어요.

가장 비타협적인 사람들, 저에게 가장 충실하다는 형제들이 반격하고 나서서 분열은 더욱 격심해졌어요.

"프란치스꼬, 당신은 복귀해야 돼요. 도로 다시 키를 잡아 주어야 해요 ….."

"아버지, 제일 위험한 자들을 내쫓아야 해요."

그런가 하면 자기들이 제일 순수하다고 여기는 이들, 영성적이라는 이들, 그리고 원시규칙에 대한 충실을 내세워 괴짜가 되어 균형을 잃고 주교들의 책망을 듣는 식으로 살면서 비인간적 고행을 하며 별스럽고 역겨운 모습을 하고 다니는 이들, 이런 이들의 소식도 들려오더군요.

네, 저는 정말 일을 온통 그르쳤던 겁니다.

❋

밤이었어요.

제 인생에서 가장 어두운 밤.

저의 하느님이 안 계신 밤.

"나의 하느님, 나의 하느님, 어찌하여 나를 버리셨나이까?" 하며 저는 이 비탄의 소리를 되뇌었지요.

교황 호노리오가 「쏠렛 안누에레」*Solet annuere*라는 칙서로 수도회에 내준 교회의 공식 인가조차도 저에게는 위로가 되지 못했어요.

저는 평온을 얻지 못해 여기저기 여러 수도원을 찾아다녔어요.

설교를 더러 하기도 하고 외진 암자에 잠시 숨어 지내기도 하다가 다시 길을 나서곤 했지요.

그렇게 몇 해를 지내는 동안 가장 마음에 들었던 곳은 베르나 산이었어요. 거기에 형제들이 자그마한 수도원을 하나 짓고 또 고요한 독거 암자들을 차려 놓았거든요.

베르나 산은 넓은 수림들로 덮여 있었는데 오를란도 백작이 기도하는 곳으로 쓰라고 우리에게 내준 것이었어요.

저는 거기서 소위 '성 미카엘의 사순절'을 지내기로 했어요. 그 산에는 거대한 바위틈들이 있는데 주님께서 수난하셨을 때 복음 말씀대로 바위들이 쪼개지면서 생겼다고 전하는 그런 데예요.

수난에 관한 생각이 저를 사로잡더군요. 제 인생의 마지막 싸움을 이제 맞아야 하겠고, 저의 고난을 바로 그리스도의 그것과 일치시킴으로써 해방을 얻으리라는 예감이 들었어요.

제 곁에는 레오네 수사와 안젤로 수사가 함께 있었지요. 그리고 맛세오 수사가 이 동아리의 원장을 맡았어요.

저의 취향을 아는 이 충실한 동료들은 마음을 써서 저에게 가장 알맞은 자리를 마련해 주었어요.

바위가 벌어진 데에 작은 다리까지 놓아 주어 그렇게 택한 가장 외지고 고요한 곳으로 제가 쉽게 건너갈 수 있도록 배려를 해 주었더군요.

레오네 수사는 날마다 저에게 빵과 물을 들고 오는 임무를 맡아, 다리까지 오면 거기 멈추어 서곤 했어요.

서로 합의한 암호는 "주님, 제 입술을 열어 주소서"라는 기도였는데, 제가 그 시편의 나머지 마디로 화답하면 다리를 건너 제 암자에 들어와도 좋았고 그렇지 않으면 되돌아가야 했어요.

✳

십자가 현양 축일, 9월 14일 새벽이었어요.

그 밤은 끔찍했고 저의 기도는 죽음과 같이 쓰디썼어요.

그 산을 도로 내려가 수도회의 통솔을 다시 맡기 위해 아씨시로 돌아가려는 유혹이 끊임없이 저를 사로잡았어요.

그러나 이제는 아브라함의 제사와 꼭 같은 희생을 저 자신 안에서 살아내야 함을 깨달았어요. 제 양심은 "네 아들을 희생으로 바쳐라"를 되풀이하는데도 저의 못된 의지는 여전히 저를 행동으로 밀어내고 있었으니까요.

"네 아들을 희생으로 바쳐라!

너에게 가장 귀중한 것, 너의 수도회를, 네 평생의 꿈을, 희생으로 바쳐라."

이때 저를 구해 준 것은 예수님의 수난에 대한 생각이었어요.

우리 자신의 문제를 풀려거든 우리 자신에서 벗어나야 한다는 진리.

저는 제 밖으로 몸을 내던지고 예수님의 갈바리 길에 들어섰어요.

그분의 고난 앞에서 저의 아픔이 도대체 무엇인가요?

그분의 실패에 비해 저의 실패는 또 무엇인가요?

제가 무엇이길래, 천주 성자의 위엄 앞에서, 강생하신 말씀의 거룩함 앞에서! 비천하고 왜소한 놈, 고집스런 죄인이면서.

그분 앞에서는 저의 하찮은 가치체계가 다 뒤집히고 저의 이야기는 아주 작아지고 저의 괴로움도 오그라들더군요.

그러면서 그분의 현존은 엄청나게 커지더군요.

그분의 말씀은 더 힘이 커지고.

그분은 제게 말씀하셨어요. "프란치스꼬야, 내가 받아들였듯이 너도 받아들이려무나."

"받아들입니다. 주님!"

"프란치스꼬야, 내가 나의 사업을 희생시켰듯이 너도 너의 사업을 희생시켜야지.

시련의 때가 오자 모두 다 나를 배신했단다.

나는 혼자 남아 있었지. 너는 그래도 이 산 위에 동무들이라도 있지 않냐."

그러자 저는 더 이상 제 아픔을 생각하지 말고 그리스도의 고난 안으로 들어가 함께 그 아픔을 받아야 할 필요 같은 걸 느꼈어요.

제 안에서 이런 기도가 우러나왔고 저는 오늘도 그 기도를 되살리곤 하지요.

주 예수님,

비오니 제가 죽기 전에 두 가지 기도만 들어주소서.

첫째, 극심한 수난의 때에, 착하신 예수님, 당신께서 겪으신 그 고통을 될 수 있는 한 저 또한 영혼과 육신 안에 겪게 하소서.

둘째, 죄인인 저희들을 위하여 하느님의 아드님이 그토록 큰 고난을 기꺼이 겪으실 만큼 불타오른 저 위없는 사랑을 제 마음 안에서도 느끼게 하소서.

저 자신 너머에, 님이 내리신 순전한 은사로, 보이지 않는 세상을 다스리는 진정한 신비 안으로 저는 들어가 살게 되었고 진정한 사랑의 계시를 가난한 이 몸 나름대로 헤아릴 수 있게 되었어요.

삶에 있어 무엇을 하는 것이 중요한 게 아니라 사랑하는 것이 중요했어요.

세상을 구하는 것은 우리의 지혜나 행동이 아니라 우리 각자 안에서 체험되는 하느님 사랑의 힘이었어요.

사랑으로 죽음을 말함으로써 그리스도께서는 온 세상을 들어 올리셨던 겁니다.

죽음, 그것을 이겨 내신 거였지요.

✻

저는 눈을 감고 님께서 하시는 대로 내맡겼어요.

침묵은 완전하였고 해뜨는 아침인데도 새들마저 소리가 없었어요. 찬찬히 찬찬히 저를 감싸 안는 신비롭고 근원적인 어떤 포옹을 느꼈어요.

시편 139의 구절들이 떠올랐어요. "주님, 주님은 앞뒤로 이 몸을 감싸 주시며, 내 위에 당신 손을 얹어 주시나이다."

조금 지나서 제 앞에 무척 밝은 빛이 있음을 느끼면서 눈을 떴어요.

눈을 뜨고 보니 여섯 날개가 돋친 불 세라핌 하나가 아무도 그렇게 바라본 적 없는 눈길로 저를 뚫어져라보고 있었어요.

저는 언제나 세라핌이란 그러하려니 하고 생각했기에 저를 그렇게 바라보고 있다는 게 반가웠어요.

또 하느님 계시로서의 관상이 어떤 것일까 생각했을 적에도 이와 비슷한 것을 생각했었지요.

그러자 무언가 제 살 속에 찍히는 것이 있었는데 그게 어디서,

또 어떻게,

또 왜 이러는지는

알 수 없었어요.

그렇지만 예수님인 줄은 알았어요.

그리고 저를 당신 고난에 결합시키신다는 것도.

그리고 하느님의 비밀을 내보여 주신다는 것도.

그래요. 그보다 더 참된 계시는 불가능했어요.

세상이 창조되었다면 그 덕분이었어요.

예수님이 우리를 구원하셨다면 그 덕분이었어요.

아버지께서 우리를 용서해 주신다면 이 또한 그 덕분이었어요.

교회가 실패하지 않는다면 그 덕분이었어요.

저를 감싸는 포옹은 더욱 강해졌어요.

저는 손과 발에, 또 그보다 심장에 어떤 찌르는 아픔을 느꼈어요.

또 뜨거운 피가 제 몸 위로 흐르는 것을 느꼈어요.

너무나 아파서 견딜 수가 없었지만 저를 행복하게 하는 어떤 현존이 저를 지탱해 주었어요.

그 순간 저는 진정한 행복의 정확한 자리를 찾았음을 깨달았어요.

모든 고뇌의 해결을.

천당에 드는 열린 문을.

✳

성흔聖痕의 오상五傷이 있든 없든 전혀 중요한 일이 아니에요.

열린 상처가, 또는 검은 못들이, 있든 없든 상관없어요.

어차피 숨길 수 있는 데까지 숨겨야 할 표징이었을 테니까요. 정작 값진 것은 저의 육신 안으로 성령의 불이, 갈바리 언덕에서 그리스도를 성화한 바로 그 불이, 지나갔다는 것이지요.

그렇게 저는 영원히 그분 것이 되었어요.

이제야 알아들었어요. 아직 님과 같은 모험을 겪어 보지 못하고 같은 불을 체험하지 못했을 때, 세상이 왜 그다지도 이상했는지를.

그러나 또한 알아들었어요. 모든 것과 모든 이가 구원받으리라는 것을.

성 프란치스꼬 초상
아씨시 성 프란치스꼬 대성당의 하부 성당 우익부 프레스꼬 벽화
그림_Cimabue 1278

12

그리고 부활

죽음이 더는 제게서 머지않을 거라서 이런 말을 되뇌는 것도 이젠 수월했어요. "내가 기대하는 소득은 크고도 크니 어떠한 고통도 내겐 기쁨일 따름이라."

성령의 불이 제 육신을 지나시면서 보이지 않는 것들의 현실을 넘치도록 명증해 주었어요.

모든 것이 이제는 정상이었어요. 자연은 정말 제가 본 것들의 외적인 표징이었어요.

갊아드는 사계절, 태어남과 죽음, 뜨는 해와 지는 해, 이 모든 것은 모든 현실의 주제인 그 불이 밝혀 준 것들의 뚜렷한 손짓이었어요.

삶과 죽음은 동일한 것의 양면이었어요. 아픔과 기

쁨, 빛과 어둠, 추위와 더위도 다 그렇듯이.

현실은 마치 하나의 문에 의해 반반으로 나뉘어 있는 것이었어요.

그리스도께서 이 표징을 쓰시며 "나는 문이다" 하신 것도 우연이 아니었어요.

문이란 이쪽과 저쪽으로 나 있는 거지요.

이쪽으로는 땅과 보이는 것과 느끼는 것과 시간과 공간이 있고, 저쪽으로는 하늘과 안 보이는 것과 영원과 무한과 피안이 있지요.

그러나 전부 하나로 되어 있으며 당연하고 순리적이고 참되지요.

문이신 그리스도께서는 동시에 이쪽저쪽을 사랑으로 다스리시는데 그 사랑이 이쪽에서는 십자가에 달려 있고 저쪽에서는 영광에 싸여 있어, 인간이 불사불멸의 존재가 되어 부활하신 그리스도의 영광에 들려면 누구나 그 문을 통하여 지나가야 하는데, "내가 열면 아무도 닫지 못한다"는 묵시록 말씀대로 열고 닫는 분은 주님이시어요.

그 문을 통하여 지나감을 파스카(Pascha, 과월過越 또는 유월逾越)라고 하는데 첫째로 지나가신 분은 그리스도 주님이셨어요. 그래서 "이는 주님의 파스카이니라"라고 하지요.

문의 이쪽 전체가 뜻을 띠고 있는데, 저쪽과 관련해

서 살펴보아야 비로소 그 뜻을 제대로 알아들을 수 있어요.

이런 관계와 연속성 없이는 현실을 붙잡을 수 없고, 눈을 못 뜬 채 일생을 다 보내고 말게 되어요.

영원과 연관되지 않은 채 시간 속에 있는 것들은 아무런 의미도 띠지 못해요. 그건 마치 무無 같아요. 말라 버리는 잎사귀 같아요.

예수님도 친히 말씀하셨어요.

"도둑이 뚫고 들어와 훔쳐가거나 좀먹을 재물을 쌓아 두어 무엇 하겠느냐?"

그리고 또 보태셨어요. "재물을 하늘에 쌓아 두어라. 거기서는 좀먹는 일도 없고 도둑이 뚫고 들어와 훔쳐가지도 못한다."

그리스도의 부활은 하느님께서 당신을 향해 지으신 모든 조물에게 의미와 생명을 부여해요.

그래서 조물도 두 모습이 있는데, 이쪽으로는 십자가에 달린 모습이고 저쪽으로는 영광스러운 모습이에요.

그 어느 인간도 이 현실에서 벗어나지 못해요. 그렇기 때문에 각자의 죽음이 현실에 있어서는 고통스러운 모습을 띠는 반면 희망에 있어서는 영광스러운 모습을 띠지요.

그런데 그 통과 과정은 하나의 무서운 시련이지요. 건널 수 없는 바다를 보는 것 같은 두려움과 아울러 그

바다가 열리는 것을 보는 넘치는 기쁨과도 같아요.

하느님 백성에게 그랬고 우리에게도 그래요.

거기에는 언제나 괴로운 기다림이 있고 뜻밖의 빛이 있어요.

기다림은 그대의 몫이고 빛은 하느님에게서 오는 거예요.

그 빛은 거저 주어지는 것이에요.

아무도 그 빛을 받을 자격이 있다고는 결코 말할 수 없어요. 그 반대니까요.

오직 하느님의 대가 없는 사랑만이 열고 지나갈 수 없이 닫힌 저 빗장을 풀 수 있어요.

"그분이 닫으시면 여는 자가 없다"(묵시 3,7)고 했어요.

그러나 그분은 언제나 열기를 원하셔요. "내가 세상에 온 것은 그들이 생명을 얻고 더욱 풍성하게 얻게 하기 위한 것이다."

때로는, 나는 무엇 하러 아직도 여기 있나 하고 묻게 될 적도 있겠지요.

그런데 답은 늘 같아요.

그건 사랑하기를 배우기 위해서라고. 저쪽에는 사랑 밖에는 아무것도 없으니까요.

❈

손과 발에 구멍이 나고 게다가 옆구리까지 열리는 것을 경험하게 되면서, 사랑을 우습게 여기지 않고 사랑한다는 게 진정 무엇을 뜻하는지를 깨달았어요.

그건 정말로 심각하고 무섭게 힘겨운 일이었지요.

어려서부터 그 순간에 이르기까지의 제 인생을 돌이켜보니 저 자신이 가난하고 죄스러운 존재임을 느끼지 않을 수 없었어요.

가난함이 이제 사랑에 가난함을 뜻했어요.

죄스러움은 '너를 위해 고통받은 분을 우습게 여겼음'을 뜻했어요.

실상을 이렇게 보게 됨에 따른 부담은 끔찍했어요.

그러나 그것은 진실이었고 우리가 그런 사정을 너무 쉽사리 저버려서는 안 되겠지요.

그대를 위해 죽은 사람의 시신을 밟고 넘어간다거나 그대를 위해 고통받는 사람 곁을 노래를 부르며 지나가서야 어디 될 말입니까.

사랑의 법칙은 갚음을 요구하는데, 우리는 도리어 모든 것을 잊고 말다니.

그러니 하느님께서 때로는 우리가 문 앞에 서서 떨게 하시는 것도 놀랄 일이 아니지요.

✳

1224년 9월 '성 미카엘의 사순절'이라는 시기가 지나자 저 자신의 건너감이 가까이 다가왔음을 느꼈어요. 작은 움직임 하나하나가 그것을 일깨워 주더군요.

더 이상 걸음을 걸을 수가 없어 당나귀를 타고 다녔는데, 늘 제 앞에 가는 레오네 수사의 잔등을 바라보면서 갔어요. 그는 어찌나 정이 많고 충실한지 그에게만 상처들을 보도록 허락했지요.

다른 이들이 호기심에서 저를 찾는 건 아주 거북했어요. 그건 마치 저 혼자만 알고 있어야 할 하나의 비밀이 깎여 나가는 것 같았어요. 쌋소 스핏코라는 곳에 저와 함께 있다가 저를 불쌍한 부상자처럼 거두어 준 레오네 수사만은 알아도 괜찮았지만.

나귀를 타고 제 고향 움브리아와 마르케 지방을 기쁜 마음으로 다시 찾으면서, 혹 만나러 오는 이가 있으면 위안의 말을 건네주기도 했지요.

물론 성 다미아노로 글라라를 찾아가 거기서 한동안 손님으로 묵기도 하고요.

저를 위해 그곳 담에 기대어 나무줄기로 엮어 지은 움막이 그렇게 편안할 수가 없었어요.

그녀처럼 굳건하고 착하며 끝까지 복음적 가난에 충실한 여인 곁에 머무는 것도 마음 놓이는 일이었구요.

그녀를 바라보고 있노라면 문제들이 사라지는 거였어요. 현실적으로 그런 가난을 살아낼 수 있을지 없을

지를 놓고 형제들 사이에 끊일 줄 모르던 분규도 그녀의 삶 안에서 해답을 찾는 거였어요.

그냥 살라고, 따지지 말라고, 온유한 인품의 그녀는 일러 주는 듯했어요.

그 무렵 제게는 또 하나의 위안이 있었어요.

그것은 벌써부터 닥쳐오리라고 여기던 어떤 일과 관련된 기도에 대한 응답이었지요.

하느님께서는 우리에게 그렇게까지 너그러우셔요.

무슨 일이냐 하면, 주교님과 아씨시 시장님과의 해묵은 감정 문제였어요.

이 때문에 제 마음이 얼마나 상했던지. 왜냐하면 많은 사람에겐 그것이 추문이었고 제 생각엔 아씨시가 언제나 평화의 도시라야 했기 때문이지요.

하루는 아침에 시내로 들어가야겠다는 생각이 들었는데 레오네 수사가 눈치를 채고 나귀에 안장을 얹어 주었어요.

상처들 때문에 고통스러웠지만 그래도 가야겠다는 느낌이 들었어요.

그런데 아씨시 가까이에 이르면서 제 주변이 얼마나 웅성거리던지!

제게 가까운 사람들의 사랑이 제 고통을 에우며 감싸는 느낌이었어요.

아아, 우정은 얼마나 위대한 것인가!

자비심은 얼마나 감미로운 것인가!

주교관 근처에 이르자 들어오라는 손짓을 하기에 당나귀는 대문을 지나 안뜰로 들어갔지요.

놀라지 않을 수가 없었어요. 제 앞에 글쎄 주교님과 시장님이 나란히 서 계시지 않겠어요.

두 분이 서로 화해하고 나서 저에게 그 사실을 말해 주고 싶었던 거예요.

정말 아름다운 일이었어요. 많은 이들이 기쁨에 겨워 울고 있었어요.

그래서 저는 입을 열어 제게 남아 있는 목소리를 다 내어 형제들과 하나로 이렇게 노래했어요.

당신 사랑 까닭에 남을 용서해 주며,
약함과 괴로움을 견디어 내는 그들에게서
내 주여 찬양받으사이다.
평화로이 참는 자들이 복되오리니,
지존이시여! 당신께 면류관을 받으리로소이다.

이제는 문을 통해 건너갈 때였어요.

그리스도님이 저에게 무서운 적은 없었어요. 성 다미아노 성당에서 계시를 받은 다음부터는 벗으로, 가까운 분으로, 진실한 분으로 느꼈어요.

마침내 이렇게까지 말할 수 있었고 그 말은 진실로

다가왔어요.

　　나에게는 사는 것이 곧 그리스도이며
　　죽는 것도 이득입니다.

　필립비 사람들에게 바오로 사도가 하신 이 말씀이 제게는 늘 도움이 되었는데 이제는 위로가 되었어요.
　한편 저는 기운이 점점 쇠진해 가는 걸 느꼈어요.
　의사들은 마치 습격하듯이 저를 점점 더 에워싸더군요.
　우고 주교님은 저더러 당신 집에 들어와 지내라시며 저를 위해 성 미카엘 성지로 이름난 가르가노 산으로 일부러 순례까지 떠나가시고.
　그러나 저는 문이 열리고 있음을 감지했어요.
　저는 시편 142를 즐겨 외곤 했는데, 특히 이제는 저의 끊임없는 기도가 되어 버린 저 힘찬 표현 때문이었지요.

　　이 어두운 감옥에서
　　이 내 몸을 빼내 주소서.

　그래요. 문을 통과하면서 저는 그렇게 기도했을 거예요.

그러나 곧 저의 시편이, 제 일생의 시편이, 제 고향 땅의 아름다움에 붓을 적시면서 제가 지은 저 시편이 봇물 터지듯 되돌아오는 거였어요.

내 주여! 목숨 있는 어느 사람도 벗어나지 못하는
육체의 우리 죽음, 그 누나의 찬미 받으소서.

죽을 죄 짓고 죽는 저들에게 앙화인지고,
복되다, 당신의 짝없이 거룩한 뜻 좋아 죽는 자들이여!
두 번째 죽음이 저들을 해치지 못하리로소이다.

내 주를 기려 높이 찬양하고 그에게 감사드릴지어다.
한껏 겸손을 다하여 그를 섬길지어다.[14]

✳

때가 왔음을 알아차렸을 때 저는 뽀르찌웅꼴라로 데려다 달라고 했어요. 저의 모母교회, 가장 정든 곳, 우리회의 베들레헴으로, 하느님의 용서와 자비를 직관한 그곳으로.

아씨시를 지나면서 저는 나환자 병원 근처에 잠시 멈

---

[14] 최민순 역 — 역주.

추기를 원했어요.

들것이 땅에 놓이자 저를 돌려 시내를 향하도록 하게
했어요.

> 거룩한 도시여, 하느님께 복 받으라.
> 너로 인해 많은 영혼이 구원되리니,
> 네 안에 하느님의 많은 종들이 살 것이고
> 그 가운데 많은 이들이 영생의 나라로 뽑힐 것이니.

팔을 들것에 도로 내리자 감미로운 생각이 하나 떠올
랐어요.

도시의 탑을 눈으로 본다기보다 마치 그 숨을 느끼는
듯했어요.

수바시오를 보지는 못하면서 그 빛깔을 직감했어요.

그러면서 생각했어요.

지고하신 저의 주님이 이 프란치스꼬 저를 위해 하나
의 예외를 … 얼마나 놀라운 예외를 두셨던가!

성경에는 "아무도 제 고장에서는 예언자가 못 된다"
고 했는데.

이 말씀은 거의 모든 이가 당하는 배척의 신비를 일
깨워 주는 말씀이지요.

예수님 자신도 당신 고향인 나자렛에서 배척의 아픔
을 겪으셨는데.

제게는 예수님이 오히려 하나의 예외였을까요.

아씨시는 저를 내치기는커녕 사랑해 주었어요. 그리고 저 또한 이 아름답고 따뜻하고 정겨운 작은 도시를 얼마나 사랑했는지.

저를 데려다 준 그곳 뽀르찌웅꼴라에서 얼마나들 저를 사랑으로 감싸 주던지, 바로 거기서 저의 파스카를 맞는 게 소원이었어요.

아니나 다를까 ….

토요일이었어요. 제게는 하나의 길조였어요. 그날은 10월 3일.

이제는 거의 아무것도 보지를 못했어요. 눈이 아주 멀어 버려서.

제 동료들이 저를 에우고 있었어요. 그렇게 많은 동료들이! 웅성거리면서. 기다리면서.

저는 무슨 장엄한 전례라도 거행하고 있는 것 같았어요. 생생하게, 대성당 안에서처럼.

저는 마치 전례지기라도 된 듯이 밖의 열린 터로, 나무 밑으로 저를 데리고 나가 달라고 청했어요.

그들은 저를 들고 나갔어요.

제 둘레에는 눈이 멀어 이제 더는 볼 수 없는 조물들이 다정하게 말을 걸어왔어요.

그들도 형제들과 함께 어울려 기도하는 듯했어요.

때가 왔음을 알자 저를 맨땅에 내려 달라고 명했어요.

분명 명했다고 그랬지요. 순명시키기가 어려웠으니까요.

'지나감'이 낯설고, 있어서는 안 되고, 당치 않은 일이라 언제나 회피해야 하는 것이라고 여기는 사람은 늘 있게 마련이지요. 그러나 그 지나감은 엄연히 거기 있었고 저는 그것을 원했어요.

맨땅의 습기가 저를 편하게 했어요. 제가 아는 어떤 포옹 같았고 그것은 저를 꼭 껴안기 시작했어요.

그러나 저는 더 이상 그를 찾지 않았어요.

이제는 그분으로부터, 저의 지고하신 주님으로부터, 진정한 포옹을 기다리고 있었으니까.

저는 문을 통해 지나갔고 합창 소리를 듣는 듯했어요.

그건 제가 언제나 가장 사랑하던 저 천사들의 성 마리아 성당의 천사들의 노랫소리였을까.

펴내면서

까를로 형이 또 한 권의 새로운 책을 쓰도록 설득하기
란 수월치 않으리라고 짐작은 했었다. 그는 『복되도다
믿으신 분』이라는 성모님에 관한 책을 바로 며칠 전에
인쇄에 넘긴 터였다. 바로 그렇기 때문에 나는 좀 덜
부담스러운 복안을 내놓았다.

　야곱의 암자 근처 잔디밭에 그와 나란히 앉자마자
"까를로 형님, 이제 마침 성인의 탄신 팔백 주년을 맞
았는데 성 프란치스꼬에 관한 책을 한 권 쓰셔야 하지
않겠수" 하고 말을 꺼냈다.

　잠시 침묵이 이어졌다. "그런 생각은 안 해 봤는데.
좋은 생각이기는 하지만. 정말로 훌륭한 성인이시지요.

생각해 봅시다."

이 책자는 까를로 수사가 엉거주춤한 약속도 지킬 줄 안다는 사실을 보여 준다.

책자가 다 되었노라고 알려 왔을 때 내가 얼마나 그 원고를 읽고 싶은 호기심에 찼었는지는 알 만하다. 그 것은 그가 나르니에 있는 프란치스칸 암자에 몇 달 동 안 칩거한 끝이었다.

오늘 내가 까를로 까렛도 수사의 기쁨 가득한 이 최 신 노작을 세상에 내놓는 영예를 누리는 것은 단지 그 의 소청에 응하기 위한 것만은 아니다. 그보다도 사람 을 매료하는 저자 특유의 문체로 쓰인 글 한 장 한 장 을 단숨에 읽어 나가면서 체험한 나의 감동을 많은 독 자들도 똑같이 느꼈으면 하는 마음에서이다.

오늘날 프란치스꼬 성인의 현실성을 말한다는 것은, 특히 프란치스꼬회의 한 사람으로서 내세울 경우, 진부 하게 들릴 수도 있다. 그렇기는 하나 거기 보태야 할 말이 있다. 프란치스꼬가 한 수도회의 창설자이기 전에 하느님이 온 교회에 선사하신 존재라는 점이 그것이다. 그리스도의 복음을 도로 살도록 특수한 증거로써 온 교 회를 성덕으로 살찌우고 독려하는 선물인 것이다.

프란치스꼬 회원 모두가 성인의 탄신 팔백 주년을 기 념하고 경축하고자 하는 뜻은 바로 여기에 있다. 쇄신 과 회두, 교회를 위한 충실하고 헌신적인 봉사의 다짐에 있는 것이다.

『프란치스꼬 저는』에서 아씨시의 가난한이는 스스로 자서전의 저자가 되어 있다. 이런 제목과 역할이 외람되어 보일 수도 있겠다. 그러나 이러한 작품상의 '편법'은 오히려 성인의 속내와 감정을 드러내 보이는 데 매우 효과적인 것으로 나타난다. 현실에서 벗어난 듯한 일화를 그저 늘어놓는 것보다는 훨씬 낫다. 느낌이건 이야기이건 모두 다 철저히 사료에 근거해 있고 또 아씨시 성인의 정신에도 충실하게 표현되어 있다.

그런 가운데 우리 시대에 절실한 현실성을 띠는 여러 메시지가 나타나고 밝혀진다.

저자가 성인의 생애에 얽힌 역사적이거나 전설적인 몇몇 일화를 해석함에 있어 비폭력이 적대 상황을 푸는 힘임을 강조한 경우도 많은 예의 하나이다.

여기 프란치스꼬 성인이 전쟁에 반대하는 말을 한 적이 없다는 사실은 염두에 두어야 한다. 그는 그러나 말과 표양으로 평화의 전령이 되었다. 형제들에게는 온유하라고, 다투지 말라고, 시비를 따지지 말라고 부탁했다. 그는 비폭력의 예언자이기를 원했다. 그러나 그보다도 사랑의 힘을 주장하기를 더욱 원했다. 왜냐하면, 까를로 수사가 썼듯이, 창조 세계가 아버지 하느님께서 계획하신 하나의 전체를 이룬다는 진리를 발견하는 것, 그리고 하느님 아버지처럼 그대도 아무런 무장도 하지 않고 평화로운 모습으로 다가간다면 창조가 그대를 알아보고 미소짓는다는 것이다. 굽비오의 늑대 사건에서 눈여겨보아야 할 대목은 늑대가 순해졌다는 사실이 아니라, 굽비오의 마을 사람들이 양순해져서 추위에 떨며 굶주린 늑대가 다가오는 걸 보고 낫과 도끼를 들고 달려들지 않고 오히려 음식 덩어리와 뜨듯한 죽을 들고 서둘러 달려갔다는 사실이다.

이게 바로 사랑의 놀라움이 아니겠는가.

가난 역시 사회·정치적 문제로 보기보다는 그리스도를 따르는 일로, 해탈시키는 힘으로 보았다. 프란치스꼬와 그의 초기 도반道伴들은 물질로부터의 철저한 해탈이 더욱 하느님 가까이 살게 한다는 것을 안다. 그 시대에도 이기주의로 갈라지고 메마른 이 세상에 그리스도의 사랑을 드러내고 모두가 한 형제임을 보여 주기 위해 자신들이 이리로부터 저리로 내닫게 한다는 것을 깨달은 것이다.

교회에 대한 사랑이, 쇄신을 바라던 많은 이의 경우 모자랐지만, 프란치스꼬에게는 전폭적이고 무조건적이었다. 그럼에도 교회를 이루는 인간들의 약점과 불충을 이단자들 못지않게 환히 보는 그였다.

프란치스꼬의 시대보다 우리 시대에 해당하는 문제들을 두고 저자가 내놓은 다소 자극적인 일부 주장들을 보면서 혹자는 까를로 수사가 주제넘게 빈자 프란치스꼬의 유순한 목소리를 자기 목소리로 바꿔치웠다고 생각할지도 모른다. 하지만 프란치스꼬 자신도 말이 더는 소용없을 때면 얼마나 정열적으로 개입했던가를 잊어서는 안 되리라.

이 책은 하나의 젊은 책이다. 젊은 세대는 여기서 자신의 깊은 고뇌, 원대한 포부, 그리스도인으로서의 진실성과 일관성의 요청에 대한 하나의 답을 찾을 수 있겠기 때문이다. 하느님과 인생에 대한 프란치스꼬의 답에는 스무 살내기의 도장이 찍혀 있다.

이 책은 하나의 젊은 책이면서 젊은이들만을 위한 책은 아니다. 누구나 거기서, 신화가 차례로 무너져 가는 오늘, 항구하고 인간적이고 그리스도적인 가치의 회복 내지 손짓을 찾아볼 수 있기 때문이다.

하나의 소설과도 같이 매력적이고, 우리 자신의 용렬함에 대한 모욕과도 같이 자극적이고, 명상과도 같이 고무적인 이 책은 읽어 나갈수록 아씨시의 프란치스꼬에게서 우리 시대를 위한 그리스도인의 이상형을 보여 주고 있다.

볼로냐의 안또니아노에서
1980년 11월 29일, 프란치스칸 성인들의 축일에
에르네스또 까롤리 신부

성덕의 꿈

우리는 누구나 평생에 적어도 한 번쯤은 성인이 되기를, 성인이기를 꿈꾼다.

자신의 온갖 모순에 짓눌려 어느 순간 우리 자신 안에 하나됨과 빛을 이룰 가능성을 엿보는 수가 있다.

우리의 이기심이 너무나 끔찍해, 적어도 소원 같아서는, 관능의 사슬을 끊고 참다운 자유와 진실한 사랑의 가능성을 점쳐 본 경험이 있다.

부르주아적이고 무미건조한 생활에 물려 이 세상의 길목에서 광명과 형제애의 메시지를 전하는 자신을 생각해 보기도 했다. 그것은 거저 베푸는 사랑의 제단 위에 가난과 사랑을 입증하는 그런 삶이 형제들과의 소통과 관계를 용이하게 하는 메시지였다.

그럴 때에 프란치스꼬가 어이된 일인지 우리 삶 안으로 들어오는 것이다.

그리스도인이라면, 그가 천주교인이든 개신교인이든 정교인이든, 인간에 있어서의 성덕이라는 관념을 아씨시의 프란치스꼬의 모습에서 알아보지 않을 수 없고 어떻게든 그를 닮아보려 하지 않기가 어려울 것이다.

예수님이 기초이고 마리아가 어머니이며 바오로가 민족들의 사도인 것처럼, 프란치스꼬 또한 모든 교회에게 성덕의 모험을 시도하고 성덕을 참으로 보편적인 양상으로 구현하는 이상적인 인간상의 전형이라 하겠다. 무릇 인간에게 성덕이 가능하다고 생각한 이라면 프란치스꼬의 온유함에서 그것을 보았을 것이고 조물들의 노래에 담긴 그의 기도에 공명했을 것이며 불신과 두려움의 벽을 넘어 늑대를 길들이고 물고기들과 제비들에게 말을 건네는 꿈을 꾸었을 것이다.

이렇듯 아씨시의 프란치스꼬는 인간 누구나의 마음 저 속에 자리하고 있다 하겠는데, 그것은 은총을 입은 인간이면 누구나 마음속에 성덕으로의 부름을 듣는 것과도 맥이 통한다.

프란치스꼬는 분명 역사 안의 구체적인 한 인물이지만 그는 또 어느 시대를 막론하고 역사 밖에 놓고 볼 수 있는 존재다.

진정 새로운 메시지를 지니고 로마 제국을 누비고 다니던 초창기 그리스도인과 그를 하나로 놓고 볼 수 있는가 하면, 중세에 이르러 정치 분쟁으로 약화되고 온갖 유착으로 허술해진 교회의 개혁과 복원에 나선 인물로 볼 수도 있고, 바로크 시대에 백성을 섬기기보다 지배하는 사제직을 행사하던 성직자들에게 파격적인 가난과 겸손으로 그 오만을 깨우쳐 준 수행자로 볼 수도 있다. 그런가 하면 오늘에 와서는 자신의 고뇌와 고립에서 벗어나 자연과 인간과 하느님과의 대화와 유대관계를 되찾으려는 현대인의 전형으로 볼 수도 있는 것이다.

특히 하느님과의 사이가 그렇다.

무슨 뜻에서 그런가.

우리가 만약 오늘 역사에 유례없이 가장 무신론적인 시대를 거치고 있다는 것이 사실이라면, 아니, 과연 그런 시대를 살고 있다면, 이 상황을 아주 작은 것으로도 뒤집을 수 있다는 것도 사실이다.

아주 작은 촉매만으로도 이 파국을 하나의 바다로, 구도求道의 고난과 진지함으로 마련되고 정화된 요소들로 가득 찬 바다로 변화시킬 수 있다. 저자의 경험으로는 '가까이 있는 사람들'보다 '멀리 있는 사람들'의 회두를 더 흔히 보게 되는데, 내가 어쩌다 하느님 이야기를 하게 되면 하느님을 늘 부정하던 사람들이 오히려 더 깊은 관심을 갖고 귀를 기울이곤 한다.

많은 경우, 자유롭고 진실한 탐구의 바탕에서 나오는 어처구니없는 "전혀 아니오"라는 외마디가 절대자의 섬광 같은 비추심으로 "다 그렇소"로 뒤집혀 터져 나오기도 한다.

아무 소용 없는 신神이 그 안에 없을 것으로 보이는 사물 자체마저도 하느님 신비의 저 깊이에서부터 다시 말을 걸어오는 끊임없는 현존으로 빛을 받는다.

생각건대 현대 무신론은 지난날의 종교문화로부터 자유로워지고자 온 힘을 다 쏟은 바 결국 역설적으로 신앙의 만발滿發 직전에 와 닿아 있는 것이다. 이제는 신앙이 적나라하고 더욱 투명하기에 그만큼 더 생명력을 띠고 만유萬有의 하나됨을 모든 것 안에 내재內在하시는 하느님의 표징으로, 그리고 초월하신 삼위일체 하느님의 표징으로 바라볼 수 있는 힘을 얻은 것이다.

그러나 어디서부터 나아가야 할까.

이 세상을 혁신할 가능성을 믿을 만한 힘을 우리 안 어디서 찾아내며 잃어버린 평화와 기쁨은 또 어떻게 되찾고 반석 위에 건설할 희망은 또 어떻게 되살릴 것인가.

우리들 모두 수없는 재난으로 얼룩진 기나긴 세월 끝

에 이제는 역사의 한 고비에 다다라 그 임종을 지켜보는 느낌이다.

바로 닥쳐올 종말을 외치는 이가 있는가 하면 핵의 공포를 말하는 이도 있다. 거기까지는 가고 싶지 않다 하더라도, 평화가 두려움에 의존하고 있어, 그나마 서글픈 하나의 희망이긴 하지만 결국 그 희망 덕분에 우리는 버티고 있다. 바로 그 두려움이 사람들로 하여금 전쟁을 촉발하는 단추를 누르는 유혹 앞에 멈칫하게 하리라는 희망이겠다. 이런 마당에 줄에 줄을 이어 가는 자동차를 타고 있노라면 기술의 노력이 우리들을 어둡고 지겨운 터널로 몰아넣어 숨 막히게 하는 불안을 슬프게 느끼게 된다.

그리고 늦가을 어느 흐린 아침 안개 속에서, 어린 시절 재잘대며 멱감던 그 시내가, 이제는 거품으로 뒤덮인 궂은 물줄기가 되어 흘러 나오면서 번영 사회의 어김없는 상징인 산더미 같은 쓰레기에 밀리는 것을 보고는 또 무어라 하랴.

우리가 느끼는 불안은 겉보기보다 훨씬 더 깊으며 생각보다 훨씬 더 큰 아픔을 준다.

마침내는 기쁨을 앗아가 평화를 깨뜨린다. 우리를 신경질적이고 못되게 만든다.

그러다가 우리는 결국 모든 것과 모든 이를 미워하게 된다.

이런저런 생각이 다 하기 싫어져 술이나 한잔 걸치고 담배나 한 대 피우게 된다.

아무리 그래 봐도 속으로는 아프고 삶의 지평은 흐려진다.

다니던 학교나 직장 건물이 우리들 눈앞에 나타나거나 그토록 애써 지어 놓은 바로 내 집이 나타나도 거기 들어가고 싶은 마음이 없어지고 날마다 하는 일도 부질없어 보인다.

심지어 우리들 성당의 종탑도 더는 말을 건네 오거나 기운을 북돋아 주지 못한다. 이제 우리들의 마음을 끄는 것은 도피 아니면 무언가 위험하더라도 새로운 것을 맛보고 싶은 욕구이며, 그래서 우리는 온갖 금지된 모험에 노출되곤 한다.

그런가 하면 좋은 것들은 점점 줄어든다. 어머니들은 아이들 곁에 있어 주지 않고 아버지들은 늘 집에서 멀리 떠나 무언가 하느라 마냥 바쁘다. 이 모든 것이 몰락의 조짐이며, 그 결과 우리가 피할 수 없게 되는 것은 지루함과 더불어 사회와 일에 대한 불신과 마음의 메마름, 그리고 이제는 무너지거나 흐려진 가치들 대신에 찾게 되는 관능적 쾌락의 탐닉이다.

이 시대에 제작되고 있는 영화의 품목만 한번 훑어보아도 알 만하며, 부랑자의 잠자리가 되어 버린 철도역에서 하룻밤만 지내보아도 알 만하다. 시내 어느 병원이든 마약 중독자들이 '메타돈'을 얻으러 몰려드는 정신신경과 외래에서 몇 시간만 지내보아도 알 만하다. 우리는 미증유의 규모로 심각하게 중심을 잃은 나머지 파멸의 지경에 와 있음을 알 만한 것이다.

벌써 오래 전부터 잠복해 있던 전염병처럼 이제는 그 탈이 온몸을 침범한 것이다. 위로도 아래로도 안으로도 밖으로도 온통 번진 것이다.

며칠 전 나는 베를린의 장벽을 다시 보았다. 이 말도 안 되는 벽은 세월이 지나도 그대로 서 있고, 그 둘레에선 아무 일도 없다는 듯 모든 것이 돌아가고 있었다.

이걸 보면서 그 벽이, 인간들과 세상사를 갈라놓는 무수한 다른 벽들의 한 두드러진 상징에 지나지 않음을 그 어느 때보다도 절감했다. 벽은 우리 안에 있다. 부자와 빈자를, 민족과 민족을, 아들과 아버지를, 사람과 사람을, 사람과 하느님을 갈라놓으면서.

우리는 분열되어 있다. 오장육부 저 속까지 갈라져 있다. 베를린 장벽이 독일 사람을 독일 사람에서 갈라놓듯이, 예루살렘이 히브리 사람을 아랍 사람에서 갈라놓듯이, 인간은 자기를 에운 우주 안에 홀로 있으면서도 안으로 분열되어 있듯이.

모든 것이 아직은 꼼짝않고 그대로 있지만 모든 것이 아무 때고 폭발할 수 있다.

그렇다. 나는 믿는다. 우리는 말세의 문턱에 다가서

있을 수도 있다고 … 만일 우리가 달리 나아가지 않는
다면 ….

✳

나는 고독을 찾아 이곳 나르니 동굴에 와서 몇 달을 지
냈다. 다시 한 번 사막의 유혹에 빠져든 것이다. 사막
은 나에게 언제나 하느님의 절대를 향한 나의 사랑의
보금자리였고 사랑이 꽃피는 곳이었다. 이곳의 프란치
스칸 적막은 베니-아베스의 사구砂丘의 고독 못지않고
황량한 앗세크렘 사막 못지않다. 결국 모든 것은 같은
뿌리에서 나온다. 왜냐하면 샤를르 드 푸꼬 신부가 아
프리카 사막을 찾은 것이나 프란치스꼬가 수바시오 감
옥의 침묵을 또는 베르나의 험준한 쌋소 스삣코를 찾은
것이나 다 같기 때문이다.

  중요한 것은 하느님이고, 적막은 하느님과 가까운 환
경일 뿐이다.

  내가 군이 이 암자를 찾은 것은 성인께서 여러 차례
여기 머물면서 모든 것이 완전한 하나로 융화된, 프란
치스칸 세계에서도 특출한 명소의 하나이기 때문이다.
숲, 맨돌, 건물, 가난, 겸손, 검박, 아름다움, 이 모두가
프란치스칸 정신을 드러내는 걸작품의 하나를 이루면
서, 세기를 거쳐 평화와 기도와 묵언과 생명계 존중과

아름다움과 시대의 모순들을 이겨내는 인간 승리의 표본을 보여 준다.

기도와 가난을 기꺼이 받아들여 평온을 누리는 사람들의 거처인 이곳 암자들을 바라보고 있노라면, 우리 문명사회를 괴롭히는 초조한 갈등에 대한 해답이 나온다.

"보세요." 이 돌들은 우리에게 말한다. "보세요, 평화는 가능하다는 것을. 여러분은 집을 지으면서 호화사치를 찾지 말고 본질적인 것에 마음을 두세요. 그렇게 하면 이 암자에서 볼 수 있듯이 가난이 아름다움이 되고 자유로움을 주는 조화가 될 테니. 온갖 시설을 짓는다고 숲을 파괴하지 마세요. 실업과 불편만 늘 테니. 오히려 사람들이 시골로 돌아와 수공으로 제대로 잘된 일을 즐기도록, 침묵의 기쁨을 그리고 땅과 하늘과 접촉하는 기쁨을 되찾아 누리도록 도와주세요. 약탈자들과 평가절하가 축낼 돈을 쌓아 두지 말고 형제와의 대화를 위해 또 가장 가난한 사람을 섬기기 위해 마음의 문을 열어 두세요.

한 철밖에 가지 않을 물건들을 만들어 내느라 얼마 남지 않은 자원을 모두 써 없애지 마세요. 오히려 여기 이 우물 위에 놓인 두레박처럼 몇 세기가 지나도록 물을 길어 올려도 여전히 쓰이고 있는 그런 두레박들을 만드세요.

여러분은 소비주의를 몹시도 비난하고 있지만, 그것은 여러분이 말로만 입을 가득 채우면서 거북한 양심은 잠재운 채 아무런 혁신도 상상도 못하고 여전히 소비주의의 충실한 종노릇을 하고 있는 거지요.

그리고 또 ….

형제에 대한 두려움은 그만 벗어던지고 아무런 방비 없이 온유하게 형제를 만나러 마주 나가세요. 그도 여러분과 똑같은 인간이고 여러분과 다름없이 사랑과 믿음이 아쉬운 존재이니까.

여러분은 '무엇을 먹고 또 무엇을 입을까 걱정하지 마세요'(마태 6,25). 안심하세요. 아무것도 모자라지 않을 것입니다. 오히려 '먼저 하느님의 나라와 그 의'를 구하세요(마태 6,33). 그러면 모든 것도 곁들여 받게 될 것입니다. '하루의 괴로움은 그날에 겪는 것만으로 족합니다'"(마태 6,34).

과연 그렇다. 이 암자는 말을 걸어온다. 형제애는 가능하다고 말해 준다. 하느님은 아버지시라고, 조물들은 자매들이라고, 평화는 기쁨이라고 말해 준다.

"마음만 있다면.

해 보세요. 형제 여러분,

해 보시면 가능하다는 것을 보실 겁니다.

복음은 진실입니다.

예수님은 하느님의 아들이시고 인간을 구원하십니다.

비폭력은 폭력보다 건설적입니다.

정결은 부끄럼을 모르는 환락보다 더 맛스럽습니다.

가난은 부유보다 더 흥미롭습니다."

✳

잘들 생각해 보도록 하세요. 우리 앞에 얼마나 놀라운 일이 펼쳐지고 있는지를.

프란치스꼬의 꿈과 포부가 실현된다면 우리는 핵의 파멸을 면할 수 있을 것입니다.

언제나 그렇지 않은가요. 하느님은 평화를 제안하십니다.

그런데 왜 해 보려고도 하지 않으십니까.

까를로 까렛또

옮기고 나서

교회의 유구한 역사에 누가 진정 새 생명을 불어넣어 이를 새롭혔던가. 혁명가도 아니고 경륜가도 아니고 사상가도 아니다. 어린이같이 순박한 마음으로 복음을 곧이곧대로 믿고 겸허하게, 오롯하게 산 분들이었다. 아무런 야심도 계획도 조직도 힘도 없이, 그냥 조용히, 참되이 산 분들이었다. 누르시아의 베네딕도 성인이 그랬고 아씨시의 프란치스꼬 성인이 그랬다.

우리는 오늘 저마다 변화와 개혁을 외쳐 대는 세상을 살고 있다. 세상뿐이랴. 이미 옛 교부들도 교회란 끊임없이 개혁해야 하는 것이라고 가르치셨다. 다만, 무작정 해내는 변혁이 곧 참 새로움은 아닌 터이다. 본연의 깊은 샘에서 생명의 물을 길어내어야 참다운 새로움을 맛볼 수 있는 것을. 그렇기에 프란치스꼬 같은 참 성인은 아무리 세월이 흘러도 우리 모두의 영혼을 늘 적시고 되살리는 그 생명수가 마를 줄을 모른다.

아버지는 뉴욕에서 고학하던 젊은 시절, 1922년 9월 24일 우리나라 사람으로는 처음으로 '방지거 삼회원'으로 서원하셨고, 어머니는 1937년 성탄절에 서울 백동(현 혜화동)본당에서 서원한 국내 첫 '삼회원' 28명 중 하나가 되셨다. 두 분의 수도명은 각각 '방지거'와 '방지가'였다. 두 분 모두 평생토록 주보이신 프란치스꼬 성인의 마음을 본받으려고 무던히도 힘쓰며 사셨다. 아버지는 1966년 6월 4일 선종을 얼마 앞두고 작은 형제회 정회원이 되는 특전을 입고 수도복 차림으로 평온히 귀천하셨다.

이렇듯 성인의 얼을 받든 부모 슬하에서 자라난 불초 역자로서는, 가난과 기도와 겸손과 사랑과 평화의 그 아름다운 삶을 너무나 못 살아온 부끄러움을 무릅쓰고, 이렇게나마 그 음덕을 기리며 어줍게나마 보은의 뜻을 삼가 적는 바이다.

2004년 초가을
춘천에서
장 익 요한

평화의 기도

주님,
저를 평화의 도구로 써주소서.

미움이 있는 곳에 사랑을
다툼이 있는 곳에 용서를
분열이 있는 곳에 일치를
의혹이 있는 곳에 신앙을
오류가 있는 곳에 진리를
절망이 있는 곳에 희망을
어두움에 빛을
슬픔이 있는 곳에 기쁨을
심게 하여 주소서.

주님,
위로받기보다는 위로하고
이해받기보다는 이해하며
사랑받기보다는 사랑하게
하여 주소서.

자기를 내어 줌으로써 얻고
용서함으로써 용서받으며
스스로 죽음으로써
영생을 누리게 되리니.

· 아씨시의 프란치스꼬 ·